함수형 자바스크립트 입문 2/e

함수형 자바스크립트 입문 2/e

ECMAScript 8로 함수형 프로그래밍 개념부터 라이브러리 구축까지

안토 아라빈스 · 스리칸스 마치라주 지음 이창화 옮김

i!i
에이콘

에이콘출판의 기틀을 마련하신 故 정완재 선생님 (1935-2004)

안토 아라빈스 Anto Aravinth

소프트웨어 회사에서 6년 이상 근무했다. 최신 기술로 작성된 여러 시스템을 개발한 경력이 있다. 자바스크립트에 대한 기본 지식과 작동 방법을 알고 여러 사람을 가르치는 방법을 잘 알고 있다. 시간이 남을 때에는 오픈소스 소프트웨어를 다루거나 탁구를 한다.

스리칸스 마치라주^{Srikanth Machiraju}

아키텍처, 기술 교육자, 커뮤니티 발표자로 활동한 지 10년이 넘었다. 현재 100명의 개발자를 이끌고, 마이크로소프트 Hyderabad의 선임 컨설턴트이자 정유사 내의 클라우드 기반 플랫폼을 개발하는 품질 분석가다. 지능이 있는 방대한 현대 애플리케이션을 디자인할 수 있는 기업 아키텍터가 되겠다는 목표로 에지 플랫폼과 기술을 사용해 현대 애플리케이션 개발을 배우고 공유하고 있다. 마이크로소프트사 근무 이전에 브레인스케일^{BrainScale}에서 애플리케이션 디자인, 개발, 애저^{Azure}를 사용한 통합을 다루는 선임 기술 분석가 및 협력 교육자로 일했다. 새로운 기술을 받아들이는 데 많은 열정이 있는 기술 개발자로, 블로그와 커뮤니티를 통해 습득한 기술을 공유하고 있다.

블로그(https://vishwanathsrikanth.wordpress.com)에 나와 있듯이 『Learning Windows Server Containers』(Packt, 2017)와 『Developing Bots with Microsoft Bot Framework』(Apress, 2017)의 저자다. "Tech Talk with Sriks"라는 유튜브 채널을 운영 중이며, 링크드인(https://www.linkedin.com/in/vishsrik/)에서도 만나볼 수 있다.

나의 첫 인턴 때 Juspay System에서 코드를 작성했던 것이 기억난다. 코딩은 즐거웠으며 도전적이었다. 6년 이상 소프트웨어를 다루면서 내가 쌓은 지식을 커뮤니티에 전달해야 한다는 것을 깨달았다. 나는 기술 분야 사람을 좋아한다. 피드백을 얻고자 나의 생각을 커뮤니티에 공유하는 것도 좋아한다. 2판을 저술한 이유이도 하다.

돌아가신 아버지와 친척, 형제, 조카, 옆에 항상 있어 준 사람들께 감사한다. 모두 목표를 이루도록 많이 격려해줬다. 디브야Divya와 이 책의 기술 감수자에게도 감사의 말을 전한다. 운 좋게도 스리칸스라는 훌륭한 공동 저자가 있었다.

마지막으로 내 삶에 많은 즐거움을 준 비아니카, 디팍, 비샬, 비슈와프리아, 샤발라에게 특별한 감사를 전한다.

피드백이 있다면 anto.aravinth.cse@gmail.com으로 연락 바란다.

– 안토 아라빈스

에이프레스에서 두 번째 기회를 준 것에 감사를 표한다. 특히 사랑하는 아내 소니아 마단과 4개월된 아들 레이안쉬를 비롯한 가족에게 감사한다. 피드백이나 질문이 있다면 Vishwanath.srikanth@gmail.com으로 연락 바란다.

– 스리칸스 마치라주

기술 감수자 소개

사키브 셰이크^{Sakib Shaikh}

대형 과학 출판사에서 기술 책임자로 일했으며, 프론트엔드와 백엔드 시스템에서 자바스크립트 기술을 사용하는 풀스택 개발자로서 10년 이상의 경험이 있다. 지난 몇 년간 기술 도서와 기사를 감수했고 교육자, 블로거, 멘토로 개발자 커뮤니티에 기여하고 있다.

이창화(leechanghwa.knu@gmail.com)

경북대학교에서 기계공학 및 컴퓨터공학을 전공하고 있으며, 여러 방면의 공학 기술과 학문 자체에 관심이 많다. 현재 연구실에서 의료 영상 분석과 인공지능 연구를 진행하고 있다. 다양한 세미나에 참석하며 새로운 것을 배우는 것을 즐긴다. 회사에 연연하지 않고 원하는 일과 연구에 몰입할 수 있는 라이프를 추구한다. 머릿속이 복잡할 때면 수영을 하며 시간을 보내고, 조용한 카페에서 주로 작업한다. 옮긴 책으로 『파이썬을 이용한 데이터 분석』(에이콘, 2018), 『파이썬 동시성 프로그래밍』(에이콘, 2018)이 있다.

옮긴이의 말

프로그래밍 방법론과 패러다임이 많이 발전하고 있습니다. 기계어, 어셈블리어가 나오면서 가장 먼저 나온 패러다임이 명령형 프로그래밍입니다. 많은 사람에게 가장 익숙한 형태일 것입니다. 명령형 프로그래밍은 절차형과 객체지향형으로 나뉠 수 있습니다. 코드 순서대로 실행되는 절차형과 클래스란 개념을 가져오는 객체지향형은 C, C++, 자바 등에서 쉽게 찾아볼 수 있습니다.

명령형 프로그래밍과 대조되는 함수형 프로그래밍은 선언형 프로그래밍으로, 어떤 것을 실행할지에 초점이 맞춰져 있습니다. 문법과 언어에 초점이 맞춰진 명령형 패러다임과 달리 함수형 프로그래밍은 함수의 구성에 초점이 맞춰져 있습니다.

함수형 프로그래밍은 우리가 배웠던 수학의 함수 개념으로 계산에 접근합니다. 여러 함수를 중첩 사용하기 때문에 함수의 내부를 알지 못하더라도 쉽게 사용할 수 있습니다. 이때 필요한 개념에는 여러 가지가 있습니다. 먼저 순수 함수^{pure function}란 동일한 입력에 항상 동일한 출력을 보이는 함수로, 입력과 출력을 매핑시켜 호출하는 쪽과 순수 함수의 통신이 가능합니다. 자세한 사항은 1장에서 다룹니다. 함수 중첩을 통해 여러 함수를 하나의 동작으로 묶을 수 있습니다. 이런 것이 가능한 함수를 고차 함수^{high order function}라고 합니다. 고차 함수는 2장부터 자세히 다룹니다. 이렇듯 함수형 프로그래밍은 라이브러리만 잘 구축한다면 코드를 굉장히 간결하고 이해하기 쉽게 만들 수 있는 장점이 있습니다. 메서드에 진입할 때 사용하는 . 기호를 사용하거나 괄호의 개수를 줄이는 등 코드 가독성을 높이고 수준 높은 프로그래밍을 할 수 있습니다.

자바스크립트 언어 자체가 웹 프로그래밍 영역에서는 거의 필수적으로 사용되는 언어입니다. 좋은 프로그래밍 언어를 평가하는 기준에는 사용성, 확장성, 성능, 변경 유용성 등이 있습니다. 함수형 프로그래밍은 언어 내의 조합성을 강조한 프로그래밍으로, 사용성 부분은 떨어질 수 있습니다. 하지만 함수형 프로그래밍 개념을 익히면 조합성과 모듈성이 높아져 결국은 코드의 오류가 줄어들게 되고, 모듈화가 잘된 코드는 효율적으로 수정과 디버깅이 가능합니다. 함수형 프로그래밍을 처음 접한다면 이 책을 처음 보는 순간 프로그래밍 언어를 새로 배우는 느낌이 들 것입니다. 처음 언어를 배울 때 어렵고 시간이 걸리지만 점점 익숙해지듯이 함수형 프로그래밍도 자바스크립트뿐만 아니라 파이썬 등의 다양한 언어로 개념을 다진다면 어떠한 프로그래밍 언어도 쉽게 넘나들 수 있는 개발자가 될 거라고 생각합니다. 1장부터는 함수형 프로그래밍의 실용성과 효율성, 모듈성에 대해 배우며, 8, 9장에서는 함수자와 모나드의 개념을, 10장에서는 ECMAScript 8에서 새로 명시된 async와 await를 배웁니다. 마지막으로 함수형 프로그래밍 테스트까지 전반적인 함수형 프로그래밍 기초 개념과 필요한 라이브러리 구축 등을 배웁니다. 전체 코드는 바벨 노드^{babel-node} 기반으로 실행돼 코드 확인이 간편합니다. 자세한 실행 방법은 2장에서 살펴볼 수 있습니다. 직접 코드 수정을 거친 만큼 이 책을 통해 함수형 프로그래밍과 좀 더 친해지길 바랍니다.

끝으로 이 책을 세상에 나오게 도와주신 양정열 님과 에이콘 가족들에게 많은 감사 인사를 드립니다. 언제나 많은 응원을 해주는 주변 지인, 가족에게도 깊은 감사를 드립니다. Do it!

차례

모든 책의 2판은 항상 특별하다. 1판을 저술했을 때 IT 관련 경험은 2년밖에 되지 않았다. 1판의 긍정적인 반응뿐만 아니라 부정적인 견해도 받아들여 2판을 작성했다. 좀 더 도움이 될 내용으로 향상시키고 가치 있는 책으로 만들고자 비판적인 반응을 적극 반영했다. 그 사이 자바스크립트는 상당히 발전하고, 여러 획기적인 변화가 언어에 적용됐다. 이제 웹은 자바스크립트로 가득하다. 웹이 없는 세상을 상상할 수 있겠는가?

2판에서는 자바스크립트에서 함수형 프로그래밍의 기본을 가르치는 데 좀 더 집중했다. 함수형 개념을 사용해 웹 애플리케이션을 구성하는 라이브러리와 테스팅을 수행하는 부분과 같이 새로운 내용도 추가했다. 여러 async, await 패턴 등에도 최신 ES8 문법을 적용해 다시 작성했다.

이 책을 통해 필요한 지식을 많이 얻어가고 동시에 예제를 실행하는 것이 많은 도움되길 바란다. 이제 시작해보자!

독자 지원

에이콘출판사의 도서정보 페이지 http://www.acornpub.com/book/functional-javascript-2e에서 한국어판 정오표를 볼 수 있다.

간단하게 살펴보는 함수형 프로그래밍

함수의 첫 번째 규칙은 작아야 한다는 것이다. 함수의 두 번째 규칙은 그보다 작아야 한다는
것이다.

— 로버트 마틴(Robert C. Martin)

어떠한 종속성, 상태, 변화 없이 오직 함수로만 이뤄진 함수형 프로그래밍 세상에 대해
알아보자. 함수형 프로그래밍은 오늘날의 유행이기도 하다. 독자 여러분의 팀이나 그
룹 회의 등에서 함수형 프로그래밍이란 용어를 많이 들어봤을 것이다. 이미 알고 있다
면 좋지만, 모르더라도 걱정 말자. 1장에서는 간단하게 '함수형^{functional}'이라는 용어를
소개한다.

1장에서는 "수학에서 함수는 무엇인가?"라는 간단한 질문으로 시작한다. 이후 함수
정의를 사용해 간단한 예제의 자바스크립트 함수를 생성한다. 마지막으로 함수형 프
로그래밍이 개발자에게 어떤 이점을 주는지 살펴본다.

함수형 프로그래밍이란 무엇이고, 왜 중요한가?

함수형 프로그래밍의 의미를 살펴보기 전에 다른 질문에 먼저 답해보자. 수학에서 함수^{function}란 무엇인가? 수학에서 함수는 다음과 같이 나타낼 수 있다.

$$f(X) = Y$$

이 수식은 "X를 인자로 하는 함수 f가 있으며, 출력 Y를 반환한다"라고 할 수 있다. 예를 들어 X와 Y에는 모든 수가 가능하다. 이는 매우 간단한 정의다. 하지만 여기서 다음과 같은 중요한 시사점이 있다.

- 함수는 인자를 가져야 한다.
- 함수는 값을 반환해야 한다.
- 함수는 외부가 아닌 자체 인자(예, X)를 받아서만 동작한다.
- 주어진 X 하나에 Y는 오직 하나다.

자바스크립트가 아닌 수학에서의 함수 정의를 설명하는 이유가 궁금할 것이다. 좋은 질문이다. 답은 간단하다. 함수형 프로그래밍 기술은 수학에서의 함수와 그 아이디어에서 왔기 때문이다. 수학에서 함수형 프로그래밍을 가르치지는 않지만, 이 책 전반에 걸쳐 수학에서의 함수 아이디어를 살펴보고 함수형 프로그래밍을 이해하는 데 사용한다.

이 정의를 가져와 자바스크립트의 함수 예제를 살펴보자. 세금 계산기 함수를 작성한다고 해보자. 자바스크립트로 어떻게 구현할까? 리스트 1-1과 같은 함수로 구현할 수 있다.

리스트 1-1. 세금 계산 함수

```
var percentValue = 5;
var calculateTax = (value) => { return value/100 * (100 + percentValue) }
```

calculateTax 함수의 경우 우리가 원하는 계산을 정확히 수행한다. 즉, 값을 통해 이 함수를 호출할 수 있고, 계산된 세금 값을 콘솔에 반환한다. 간단하지 않은가? 잠시 수학적인 정의의 관점에서 이 함수를 분석해보자. 수학에서 함수의 핵심 정의는 함수 논리가 외부에 의존하지 않는다는 점이다. 하지만 보다시피 calculateTax 함수는 전역 변수인 percentValue에 의존한다. 따라서 이 함수는 수학적으로는 실제 함수라고 할 수 없다. 이를 바꿔보자.

수정된 사항은 매우 직관적이다. percentValue 변수를 리스트 1-2와 같이 함수 인자로 이동했다.

리스트 1-2. 수정된 calculateTax 함수

```
var calculateTax = (value, percentValue) => { return value/100 *
(100 + percentValue) }
```

이제 calclateTax 함수를 실제 함수라 할 수 있다. 그래서 얻은 것은 무엇인가? calculateTax 함수 안에 있는 전역 변수의 접근을 막을 수 있다. 즉, 함수 안에 있는 전역 변수의 접근을 없애 테스팅을 좀 더 쉽게 할 수 있다(1장 뒷부분에서 함수형 프로그래밍의 이점을 설명할 때 함께 살펴본다).

지금까지 수학에서의 함수와 자바스크립트의 함수 관계를 살펴봤다. 간단하게 연습해보면서 기술적인 용어로 함수형 프로그래밍을 정의했다. 함수형 프로그래밍이란 각 함수의 입력에 의존해 동작하는 함수를 생성하는 형태다. 이는 함수를 여러 번 호출했을 때도 동일한 결과를 반환할 수 있게 한다. 또한 함수 외부의 데이터 변경이 불가하므로 캐시할 수 있고 테스트할 수 있는 코드를 작성할 수 있게 한다.

자바스크립트에서의 함수와 메서드

지금까지 이 책에서 '함수'라는 단어를 계속 접했다. 다음 장으로 넘어가기 전에 자바스크립트의 함수와 메서드의 차이를 이해할 필요가 있다.

간단하게 말하자면 함수는 이름을 통해 호출되는 코드의 일종이다. 인자를 넘겨 연산 작업을 하고, 필요에 따라 값을 반환받을 수 있다.

메서드는 객체 내에 연관된 이름으로 호출되는 코드의 일종이다.

리스트 1-3과 리스트 1-4에서 함수와 메서드 예제를 살펴보자.

리스트 1-3. 간단한 함수

```
var simple = (a) => {return a} // 간단한 함수
simple(5) //이름으로 호출된다.
```

리스트 1-4. 간단한 메서드

```
var obj = {simple : (a) => {return a} }
obj.simple(5) //객체 내에 연관된 이름으로 호출된다.
object
```

여기서는 살펴보지 않았지만, 함수형 프로그래밍의 중요한 특성이 두 가지 더 있다. 이를 함수형 프로그래밍의 장점을 살펴보기에 앞서 자세히 알아보자.

참조 투명성

함수의 정의에서 모든 함수가 동일한 입력에 대해 동일한 값을 반환받도록 선언했다. 함수의 이러한 속성을 참조 투명성^{referential transparency}이라 한다. 리스트 1-5를 살펴보자.

리스트 1-5. 참조 투명성 예제

```
var identity = (i) => { return i }
```

리스트 1-5에서 간단한 **identity** 함수를 정의했다. 이 함수는 무조건 입력한 값을 전달받아 반환한다. 예를 들어 5를 입력하면 5를 반환한다(마치 거울과 같다). 이 함수는 입력 인자 **i**에 의해서만 동작하며, 함수 내의 전역 참조는 없다(리스트 1-2에서는 전역 접근에서 **percentValue**를 제거했고, 내부 인자로 만들었다). 이 함수는 참조 투명성 조건을 충족한다. 이제 이 함수가 다음과 같이 다른 함수 호출 사이에 사용될 때를 살펴보자.

```
sum(4,5) + identity(1)
```

참조 투명성 정의에서 위 선언문을 다음과 같이 바꿨다.

```
sum(4,5) + 1
```

이러한 과정을 함수의 결과와 해당 값을(이 함수는 기본적으로 해당 논리에서 다른 전역 변수에 의존하지 않기 때문이다) 직접 치환하므로 **치환 모델**^substitution model 이라 부른다. 이는 **병렬 코드와 캐시**를 할 수 있게 한다. 이 모델을 통해 동기화가 필요 없는 여러 스레드로 구성된 함수를 간단히 실행한다고 가정해보자. 동기화를 하는 이유는 병렬로 실행할 때 스레드가 전역 데이터를 다룰 수 없기 때문이다. 참조 투명성에 해당하는 함수는 각 인자의 입력에만 의존한다. 따라서 스레드는 락 메커니즘^locking mechanism에서 벗어날 수 있다.

이러한 함수는 주어진 입력에 대해 동일한 값을 반환할 것이므로 사실상 캐시가 가능하다. 예를 들어 주어진 수의 팩토리얼을 계산하는 **factorial**이라는 함수가 있다고 해보자. 함수는 팩토리얼 계산에 필요한 입자를 입력받는다. 팩토리얼 5는 120이라는 것을 알고 있다. 그렇다면 사용자가 팩토리얼 5를 두 번 호출했다면 어떻게 될까? factorial 함수가 참조 투명성에 해당한다면 전과 동일하게 120이라는 결과가 나올 것이다(입력 인자에만 의존한다). 이러한 특성을 염두에 두고 factorial 함수의 값을 캐시할 수 있다. 따라서 factorial 함수가 5를 두 번 입력받아 호출된다면 한 번 더 계산하지 않고 캐시된 값을 반환한다.

그러므로 간단한 아이디어로 병렬 코드와 캐시할 수 있는 코드를 만들 수 있음을 살펴 봤다. 이후 함수 결과를 캐시하고자 라이브러리 내 함수를 작성해보자.

참조 투명성은 철학이다.

참조 투명성이란 분석 철학(analytic philosophy, https://en.wikipedia.org/wiki/Analytical_philosophy)에서 유래했다. 분석 철학은 자연어 의미론과 같은 부분을 다룬다. '참조적', '참조'라는 단어는 그 표현이 참조되는 것을 뜻한다. 문장 내의 문맥은 의미가 바뀌지 않는 동일한 개체를 참조하는 또 다른 단어로 변경할 수 있을 때 참조적으로 투명하다고 한다.

이것이 바로 여기서 참조 투명성을 정의하는 방법이다. 문맥에 영향을 주지 않고 함수의 값을 변경해보자.

명령형, 선언형, 추상화

또한 함수형 프로그래밍은 선언 가능하고, 추상화된 코드 작성에 관한 것이다. 더 알아 보기 전에 이 두 개념을 이해해야 한다. 우리는 명령형 패러다임을 알고 있으며 명령 형 패러다임으로 작업하고 있다. 문제를 풀어보면서 명령형 및 선언형 형태를 어떻게 해결하는지 알아보자.

리스트와 배열이 있으며, 배열을 통해 반복적으로 콘솔에 값을 출력한다고 해보자. 코드는 리스트 1-5와 같을 것이다.

리스트 1-6. 명령형 형태의 배열 반복

```
var array = [1,2,3]
for(i=0;i<array.length;i++)
    console.log(array[i]) //1, 2, 3 출력
```

정상적으로 동작한다. 하지만 문제에 접근하려고 구현했는지 정확히 알아야 한다. 예를 들어 배열 길이의 인덱스를 계산하고 내용을 출력하고자 for문을 암묵적으로 작성했다. 여기서 작업은 무엇일까? 배열 요소를 출력하는 것이다. 하지만 컴파일러에게 어떤 작업을 해야 하는지 알려주는 것처럼 보인다. 이 경우 컴파일러에게 "배열의 길이를 가져온 후 배열을 반복하면서 인덱스를 사용해 배열의 각 요소를 얻어오라"라고 알려주고 있다. 이를 명령형 방법이라 한다. **명령형**imperative 프로그래밍이란 컴파일러에게 특정 작업을 어떻게 해야 하는지 알려주는 것이다.

이제 다음으로 선언형declarative 프로그래밍을 알아보자. 선언형 프로그래밍에서는 컴파일러가 어떻게 작업해야 하는지보다 어떤 것이 필요한지가 중요하다. '어떻게'라는 부분은 일반적인 함수(2장에서 다루겠지만, 이러한 함수를 고차 함수라 한다) 내에 추상화된다. 이제 리스트 1-7처럼 내장 forEach 함수를 사용해 배열을 반복해서 출력한다.

리스트 1-7. 선언형 형태의 배열 반복

```
var array = [1,2,3]
array.forEach((element) => console.log(element))
//1, 2, 3 출력
```

리스트 1-7은 리스트 1-5와 동일한 출력을 보여준다. 하지만 여기서 "배열의 길이를 가져온 후 배열을 반복하면서 인덱스를 사용해 배열의 각 요소를 얻어오라"에서 '어떻게'라는 부분이 생략됐다. 추상화된 함수를 사용해서 개발자가 '어떻게'라는 부분을 다루고, 직접 ('어떻게') 문제를 걱정할 필요가 없게 됐다. 이러한 내장 함수는 이 책 전반에 걸쳐 계속 생성해본다.

함수형 프로그래밍은 코드의 다른 부분을 재사용하는 추상적인 방법으로 함수를 생성하는 것이다. 이제 함수형 프로그래밍이 무엇인지 형태를 파악했을 것이다. 이제 함수형 프로그래밍의 장점을 알아보자.

함수형 프로그래밍의 장점

지금까지 함수형 프로그래밍의 정의와 간단한 자바스크립트 함수를 살펴봤다. 이제 간단한 질문에 답할 수 있어야 한다. 함수형 프로그래밍의 장점은 무엇일까? 이 절에서는 함수형 프로그래밍이 제공하는 큰 이점을 살펴본다. 함수형 프로그래밍의 순수함수를 작성하면 많은 장점이 있다. 따라서 함수형 프로그래밍 장점을 살펴보기 전에 순수 함수가 무엇인지 알아보자.

순수 함수

여기서는 순수 함수가 무엇인지 먼저 정의해야 한다. 순수 함수^{Pure functions}란 주어진 입력에 대해 동일한 출력을 반환하는 함수다. 리스트 1-8의 예제를 살펴보자.

리스트 1-8. 간단한 순수 함수

```
var double = (value) => value * 2;
```

double 함수는 주어진 입력에 대해 항상 동일한 출력을 반환하므로 순수 함수다. 직접 만들어볼 수도 있다. 5를 입력해 double 함수를 호출하면 결과 10을 반환한다. 순수 함수는 참조 투명성을 만족한다. 따라서 망설임 없이 double(5)를 10으로 바꿀 수 있다.

그렇다면 순수 함수의 대단한 부분은 무엇일까? 살펴보면 많은 장점이 있다.

순수 함수는 테스트하기 편한 코드다

순수하지 않은 함수는 문제를 일으킬 수 있다. 리스트 1-1의 세금 계산 예제를 살펴보자.

```
var percentValue = 5;
var calculateTax = (value) => { return value/100 * (100 +
percentValue) }    //외부 환경 percentValue에 의존한다.
variable
```

외부 환경에 의존해 논리를 계산하므로, calculateTax 함수는 순수하지 않은 함수다. 함수는 동작하지만 테스트하기는 어렵다. 그 이유를 살펴보자.

세 번의 세금 계산을 위해 calculateTax 함수를 세 번 테스트해보자. 다음과 같이 환경을 구성한다.

```
calculateTax(5) === 5.25
calculateTax(6) === 6.3
calculateTax(7) === 7.3500000000000005
```

위 함수 실행의 전체 테스트는 넘어가자. 하지만 기존 calculateTax 함수가 외부 환경 변수인 percentValue에 의존하기 때문에 잘못될 수 있다. 동일한 테스트 케이스를 실행할 때 외부 환경이 percentValue 변수를 변경한다고 가정해보자.

```
calculateTax(5) === 5.25

// percentValue는 다른 함수에 의해 2로 변경된다.
calculateTax(6) === 6.3 //테스트를 통과하는가?

// percentValue는 다른 함수에 의해 0으로 변경된다.
calculateTax(7) === 7.3500000000000005 //테스트를 통과하거나 예외를 던지는가?
```

보다시피 이 함수는 테스트하기 힘들다. 그렇지만 다음과 같이 함수의 외부 환경 종속성을 제거해서 간단하게 문제를 해결할 수 있다.

```
var calculateTax = (value, percentValue) => {
    return value/100 * (100 + percentValue)
}
```

이제 문제없이 함수를 테스트할 수 있다. 이 절을 마무리하기 전에 순수 함수의 중요한 특성을 살펴볼 필요가 있다. 순수 함수는 외부 환경 변수를 바꿔서는 안 된다. 다시 말해 순수 함수는 외부 변수(예제 참고)에 의존해서는 안 되고 외부 변수도 변경해서는 안 된다. 이것이 무슨 의미인지 외부 변수를 변경해 간단하게나마 살펴보자. 리스트 1-9 코드를 살펴보자.

리스트 1-9. badFunction 예제

```
var global = "globalValue"
var badFunction = (value) => {
    global = "changed";
    return value * 2
}
```

badFucntion 함수가 전역 변수 global 값을 changed로 바꿔서 호출하면 문제가 생길까? 그렇다. 논리상 global 변수에 의존하는 다른 함수가 있다고 해보자. badFunction 호출은 다른 함수의 동작에 영향을 줄 수 있다. 이러한 함수(문제가 있는 함수)는 코드 테스트를 힘들게 한다. 테스트 외에도 시스템에 영향을 주어 디버깅을 어렵게 한다.

간단한 순수 함수 예제를 통해 어떻게 코드를 쉽게 테스트하는지 알아봤다. 이제 순수 함수의 다른 장점인 이상적 코드를 알아보자.

이상적인 코드

개발자로서 이상적인 코드와 함수를 만들고 싶을 것이다. 순수 함수를 사용하면 이상적인 코드를 간단히 만들 수 있다. 명확히 설명하고자 간단한 double 함수(리스트 1-8 참조)를 사용한다.

```
var double = (value) => value * 2
```

함수 이름에서 알 수 있듯이 주어진 수를 두 배로 하는 함수다. 사실상 참조 투명성 개념을 사용해 double 함수 호출을 동일한 결과로 대체할 수 있다. 그런데 개발자들은 많은 시간을 다른 사람의 코드를 보는 데 할애한다. 코드상 부수 효과가 있는 함수라면 팀 내의 다른 개발자가 이해하기 어렵다(순수하지 않은 함수의 경우 함수 내부에서 인자의 값을 변경하거나 프로그램 상태를 변경하게 된다. 이러한 경우 다른 개발자의 코드를 이해하기 어렵다 – 옮긴이). 순수 함수 기반 코드는 읽고, 이해하고 테스트하기 쉽다. 순수 함수든 어떤 함수든 항상 의미 있는 이름이어야 한다. 예를 들어 double 함수를 dd라고 이름을 바꾸면 안 된다.

간단한 게임

함수를 값으로 대체해보는데, 구현하지 않고도 그 결과를 알 수 있다. 이는 함수적 사고 과정을 크게 향상시킬 수 있다. 함수 값을 이후 반환할 결과로 대체해본다.

빠른 연습을 위해 내장된 Math.max 함수를 통해 이러한 부분을 알아보자.

함수 호출이 다음과 같이 주어졌다. 어떤 결과가 나올까?

```
Math.max(3,4,5,6)
```

max의 구현을 확인하고 결과를 알아냈는가? 아니다. 왜 그럴까? 그 답은 바로 Math.max가 순수 함수이기 때문이다. 이제 커피 한잔 마시자. 지금까지 잘했다!

병렬 코드

순수 함수는 병렬로 코드를 실행할 수 있게 한다. 순수 함수는 해당 환경을 전혀 변동시키지 않으므로 동기화를 걱정할 필요가 없다. 물론 자바스크립트에서 병렬로 함수를 실행하는 실제 스레드는 없지만, 프로젝트에서 다중 함수를 병렬로 실행하고자 WebWorkers를 사용한다거나 병렬로 함수가 실행되는 노드 환경의 서버 측 코드라면 어떤가?

예를 들어 리스트 1-10과 같은 코드가 있다고 해보자.

리스트 1-10. 순수하지 않은 함수

```
let global = "something"
let function1 = (input) => {
    // 입력 동작
    // global 변경
    global = "somethingElse"
}
let function2 = () => {
    if(global === "something")
    {
        // 비즈니스 로직
    }
}
```

function1과 function2를 병렬로 실행한다면 어떤가? 스레드 1(T-1)이 실행할 function1을 선택하고 스레드 2(T-2)가 function2를 선택한다고 해보자. 이제 두 스레드가 모두 실행될 준비가 됐는데, 문제가 있다. T-1이 T-2 이전에 실행되면 어떻게 될까? function1과 function2 모두 전역 변수인 global에 의존하므로, 병렬로 이 함수를 실행하면 문제가 발생할 수 있다. 이제 리스트 1-11과 같이 이 함수를 순수 함수로 변경해보자.

```
let function1 = (input,global) => {
    // 입력 동작
    // global 변경
    global = "somethingElse"
}
let function2 = (global) => {
    if(global === "something")
    {
        // 비즈니스 로직
    }
}
```

여기서 두 함수의 **global** 변수를 인자로 옮겨 순수 함수로 만들었다. 이제 아무 문제 없이 두 함수를 동시에 실행할 수 있다. 함수는 외부 환경(전역 변수)에 의존하지 않으므로, 리스트 1-10과 같이 스레드 실행 순서를 걱정하지 않아도 된다.

이 절에서는 순수 함수가 어떻게 코드에 아무런 문제없이 병렬로 동작하게 돕는지 보여줬다.

캐시

순수 함수는 항상 주어진 입력에 대해 동일한 출력을 반환하므로, 함수 출력을 캐시할 수 있다. 이를 좀 더 자세히 설명하고자 간단한 예제를 살펴보자. 시간이 많이 소요되는 연산을 처리하는 함수가 있다고 해보자. 이 함수의 이름은 `longRunningFunction`이다.

```
var longRunningFunction = (ip) => {
    // 오래 실행되는 작업을 하고 반환한다.
}
```

`longRunningFunction` 함수가 순수 함수라면 주어진 입력에 대해 동일한 출력을 반환

한다. 이 점을 염두에 두고, 입력과 함께 함수를 왜 여러 번 호출해야 할까? 함수 호출을 함수의 이전 결과로 대체하면 안 될까?(여기서 다시 한 번 언급하자면 참조 투명성 개념을 어떻게 사용하고, 그에 따라 함수를 이전 결과 값으로 대체하고 전후 문맥은 변하지 않는지 이해하자) 다음과 같이 longRunningFunction 함수의 호출 결과를 모두 유지하는 저장 객체를 갖고 있다고 가정해보자.

```
var longRunningFnBookKeeper = { 2 : 3, 4 : 5 . . . }
```

longRunningFnBookKeeper는 간단한 자바스크립트 객체로, longRunningFunction 함수를 호출해 입력(키)과 출력(값)을 모두 보유하게 된다. 이제 순수 함수 정의를 구현한 상태에서 리스트 1-12처럼 기존 함수를 실행하기 전에 longRunningFnBookKeeper에 키가 있는지 확인할 수 있다.

리스트 1-12. 순수 함수를 통한 캐시

```
var longRunningFnBookKeeper = { 2 : 3, 4 : 5 }
// longRunningFnBookKeeper에 키가 있는지 확인한다.
// 참이면 결과를 반환하고 그렇지 않다면 bookkeeping 객체를 갱신한다.
longRunningFnBookKeeper.hasOwnProperty(ip) ?
    longRunningFnBookKeeper[ip] :
    longRunningFnBookKeeper[ip] = longRunningFunction(ip)
```

리스트 1-12의 코드는 비교적 간단하다. 실제 함수를 호출하기 전에 해당 ip와 함께 함수의 결과가 저장 객체에 있는지 확인한다. 함수 결과가 저장 객체 있다면 반환하고, 그렇지 않으면 기존 함수를 호출해 저장 객체에서도 결과를 갱신한다. 적은 코드로도 쉽게 캐시할 수 있는 함수 호출을 만들 수 있다는 것을 살펴봤다. 이것이 바로 순수 함수의 역할이다.

이 책의 후반부에서는 순수 함수의 캐싱, 기술적인 메모리화와 같은 함수 라이브러리를 작성해본다.

파이프라인과 컴포저블

순수 함수는 오직 한 가지 일만 처리한다. 순수 함수의 이름만 보고 그 역할이 무엇인지 이해해야 하는 것을 살펴봤다. 순수 함수는 한 가지 일만 처리하도록 설계해야 한다. 한 가지 일만 완벽하게 처리하는 것이 유닉스 철학이다. 순수 함수를 구현할 때 이 철학을 동일하게 따라야 한다. 일상적인 작업에 사용하는 유닉스와 리눅스 플랫폼에는 많은 명령어가 있다. 예를 들어 파일의 내용을 출력할 때에는 cat 명령어를 사용하고, 파일을 검색하는 데에는 grep, 줄을 세는 데에는 wc 명령어 등을 사용한다. 이 명령어들은 한 번에 하나의 문제를 해결하지만, 복잡한 작업을 처리하거나 구성할 때는 파이프라인이나 compose를 이용할 수 있다. 텍스트 파일에서 특정 이름을 찾고 발생 횟수를 세고 싶다고 해보자. 명령 프롬프트에서 어떻게 이를 처리할까? 다음과 같이 할 수 있다.

```
cat jsBook | grep -i "composing" | wc
```

이 명령어에서는 여러 기능을 묶어서 문제를 해결한다. 이는 유닉스/리눅스 커맨드라인에서만 국한되는 것이 아니라, 함수형 프로그래밍 패러다임의 핵심이다. 이를 함수 합성functional composition이라고 한다. 이러한 커맨드라인이 자바스크립트 함수에서 구현됐다고 해보자. 문제를 해결하고자 유닉스와 동일한 방식을 사용할 수 있다.

이제 다른 방식으로 문제를 해결해보자. 문장에서 줄 수를 세려고 한다. 어떻게 해결할까? 정답은 이미 알고 있다. 명령어는 실제로 앞서 정의한 내용과 관련이 있는 순수 함수다. 이 명령어는 인자를 받아 호출자에 출력을 반환하며, 외부 환경에 어떠한 영향도 주지 않는다.

이것이 단순한 정의를 따라 얻게 되는 여러 가지 장점이다. 1장을 마무리하기 전에 순수 함수와 수학 함수의 관계를 다음 절에서 다뤄보자.

순수 함수는 수학적인 함수다

다음은 리스트 1-12에서 살펴본 코드다.

```
var longRunningFunction = (ip) => {
    // 오래 실행되는 작업을 수행하고 반환한다.
}
var longRunningFnBookKeeper = { 2 : 3, 4 : 5 }
// longRunningFnBookKeeper에 키가 있는지 확인한다.
// 참이면 결과를 반환하고 그렇지 않으면 bookkeeping 객체를 갱신한다.
longRunningFnBookKeeper.hasOwnProperty(ip) ?
    longRunningFnBookKeeper[ip] :
    longRunningFnBookKeeper[ip] = longRunningFunction(ip)
```

주목적은 함수 호출을 캐시하는 것이다. 저장 객체를 사용해 이를 처리했다. 다음과 같이 객체 내에서 longRunningBookKeeper 변수가 증가하도록 longRunningFunction 을 여러 번 호출했다고 해보자.

```
longRunningFnBookKeeper = {
    1 : 32,
    2 : 4,
    3 : 5,
    5 : 6,
    8 : 9,
    9 : 10,
    10 : 23,
    11 : 44
}
```

예를 들어 longRunningFunction 입력 범위가 1에서 11까지 정수라고 가정해보자. 이 특정 범위에 저장 객체를 이미 구성했으므로, 주어진 입력에 대해 longRunningFunction 을 출력하고자 longRunningFnBookKeeper를 참조할 수 있다.

저장 객체를 분석해보자. 이 객체는 `longRunningFunction`으로 입력을 받고 주어진 범위(여기서는 1부터 11)에 출력값을 매핑한다. 여기서 중요한 것은 입력(키)은 반드시 객체 내 출력(결과)과 매핑돼야 한다는 것이다. 게다가 하나의 입력에는 두 개의 출력이 매핑될 수 없다.

이 분석으로 수학적 함수의 정의를 다시 볼 수 있다. 이번에는 위키피디아에서 좀 더 구체적인 정의를 살펴보자(https://en.wikipedia.org/wiki/Function_(mathematics)).

> 수학에서 함수는 입력 세트와 각 입력이 정확히 해당 출력과 관련이 있는 속성을 가진 출력 세트와의 관계다. 함수에 대한 입력을 인자라고 하며, 출력을 값이라고 부른다. 주어진 함수에 허용되는 모든 입력값을 함수의 도메인domain이라고 하며, 이때 출력되는 허용 집합을 코도메인codomain이라고 한다.

이러한 정의는 순수 함수와 동일하다. `longRunningFnBookKeeper` 객체를 살펴보자. 함수의 도메인과 코도메인을 찾을 수 있을까? 간단한 예제를 살펴보며 수학적 함수의 아이디어가 함수형 패러다임 세계(1장의 첫 부분에서 확인했다)에서 어떻게 사용되는지 쉽게 알 수 있다.

작업해야 할 것

1장에서는 함수와 함수형 프로그래밍을 다뤘다. 기본적으로 ES8-Function이라는 함수형 라이브러리로 구성했다. 이 라이브러리는 이 책 전반에 걸쳐 다룬다. 함수형 라이브러리를 구현해 자바스크립트 함수를 어떻게 사용하며, 함수형 프로그래밍이 어떻게 일반적인 업무에 적용되는지 살펴볼 수 있다(코드상 문제를 해결하고자 직접 구현한 함수를 사용한다).

자바스크립트는 함수형 프로그래밍 언어인가?

1장을 마무리하기 전에 한 걸음 뒤로 물러서서 "자바스크립트는 함수형 프로그래밍 언어인가?"라는 근본적인 질문에 대답해야 한다. 대답은 "예", "아니오"다. 1장 초반부터 함수형 프로그래밍이란 함수에 관한 것이며, 최소한의 인자를 취하고 값을 반환할 수 있어야 한다고 말했다. 하지만 사실상 자바스크립트에서 인자도 없고 아무것도 반환하지 않는 함수를 만들었다. 예를 들어 다음 코드는 자바스크립트 엔진에 나타난 코드다.

```
var useless = () => {}
```

이 코드는 자바스크립트에서 오류 없이 실행된다. 자바스크립트가 하스켈(1990년 개발된 대표적인 함수형 언어로 패턴 맞춤, 커링 등 다양한 특징을 갖고 있다 – 옮긴이) 같은 순수 함수형 언어가 아니라 오히려 멀티패러다임 언어이기 때문이다. 하지만 1장에서 살펴본 기술과 장점은 순수한 자바스크립트에 적용될 수 있기 때문에 함수형 프로그래밍 패러다임에 매우 적합하다고 할 수 있다.

자바스크립트는 함수를 인자로 취하고, 다른 함수로 전달하는 등 일급 객체first-class citizen(다른 객체들에게 적용 가능한 연산을 모두 지원하는 객체로, 타입을 반환할 수 있고, 반환과 할당이 모두 가능하다 – 옮긴이)로 함수를 다룬다(이에 관해서는 2장에서 다룬다). 함수라는 단어의 정의에 따른 제약 조건 때문에 개발자로서 자바스크립트에서 함수를 만들면서 이를 고려해야 한다. 그럼으로써 1장에서 설명한 함수형 패러다임에서 많은 장점을 얻을 수 있다.

요약

1장에서는 수학과 프로그래밍 세계에서 함수가 무엇인지 살펴봤다. 수학에서 함수의 간단한 정의부터 시작해, 작고 견고한 함수의 예와 자바스크립트의 함수형 프로그래밍 패러다임을 살펴봤다. 순수 함수가 또한 무엇인지를 정의하고, 이들의 장점을 자세히 알아봤다. 마지막으로 순수 함수와 수학에서의 함수 간 관계를 보여줬다. 자바스크립트를 함수형 프로그래밍 언어로 다루는 방법도 배웠다. 1장에서 많은 것을 배웠다.

2장에서는 ES8에서 함수를 만들고 실행하는 방법을 살펴본다. ES8에서 함수를 만드는 몇 가지 방법을 2장에서 알아본다.

자바스크립트 함수의 기본

1장에서는 함수형 프로그래밍을 살펴봤다. 소프트웨어에서의 함수와 수학에서의 함수가 어떻게 다른지 알아봤다. 병렬 코드 실행, 캐시 가능 등과 같은 순수 함수가 주는 장점을 다뤘다. 이제 함수형 프로그래밍이 모두 함수에 관한 것이라는 것을 알았다.

2장에서는 자바스크립트의 함수가 어떻게 사용되는지 알아본다. 최신 자바스크립트 버전인 ES7과 ES8을 살펴본다. 여기서는 ES6 이상 버전에서 정의된 함수를 생성하고, 호출하며, 정의한 인자를 전달해본다. 하지만 이것만이 여기서의 목적은 아니다. 함수를 정확히 이해하려면 이 책의 모든 코드 예제를 실행해보길 권한다(특히 화살표^{arrow} 함수를 자세히 살펴보라).

일단 함수를 사용하는 방법을 확실히 이해하면 시스템에서 ES8 코드를 실행하는 방법을 알아본다. 현재 브라우저는 ES8의 모든 기능을 지원하지 않는다. 하지만 바벨^{Babel}이라는 도구를 사용해 ES8의 모든 기능을 사용할 수 있다. 2장의 마지막에서는 함수형 라이브러리를 생성해본다. 이를 위해 시스템에서 코드를 실행할 바벨-노드 도구를 구성할 노드 프로젝트를 사용한다.

ECMAScript 역사

ECMAScript는 자바스크립트를 구성하며, ECMA-262와 ISO/IEC 16262 내의 ECMA International에 의해 관리된다. EMCAScript 버전을 살펴보자.

1. ECMAScript1은 1997년 자바스크립트 언어의 첫 번째 형태로 출시했다.

2. ECMAScrip2는 두 번째 자바스크립트 버전으로, 이전 버전에서 다소 수정됐다. 1998년 릴리스됐다.

3. ECMAScript3에서 일부 요소가 추가됐으며, 1999년 릴리스됐다.

4. ECMAScript5는 오늘날 대부분의 브라우저를 지원한다. 언어에서 '엄격한' 방식을 소개했으며, 2009년 릴리스됐다. ECMAScript5.1이 2011년 6월 수정 배포됐다.

5. ECMAScript6은 클래스, 심볼, 화살표 함수, 생성자 등 여러 부분이 수정됐다.
6. ECMAScript7과 8에서는 비동기, SharedArrayBuffer, 마침표, Object.entries 등과 같은 개념을 사용했다.

이 책에서는 ECMAScript7을 참조했으니, 용어가 바뀔 수도 있다.

함수 생성과 실행

이 절에서는 자바스크립트에서 여러 가지 방법으로 함수를 만들고 실행하는 방법을 살펴본다. 이 절은 길고 흥미로울 것이다. 많은 브라우저가 아직 ES6 이상 버전을 지원하지 않으므로, 코드를 원활하게 실행할 방법을 찾아야 한다. 최신 코드를 ES5 코드로 변환할 수 있는 트랜스파일러transpiler로는 바벨Babel을 사용해보자(1장에서 ES5 코드는 현재 모든 브라우저에서 지원한다고 언급했다). 코드를 ES5로 변환하면 개발자가 문제 없이 최신 ECMAScript 기능을 확인하고 사용할 수 있다. 바벨을 사용해 이 책에 제시된 모든 코드 예제를 실행할 수 있다.

바벨 설치 후 먼저 첫 번째로 간단한 함수를 살펴보면서 본격적으로 시작해보자.

첫 번째 함수

첫 번째로 간단한 함수를 정의해본다. 가장 간단한 함수는 리스트 2-1과 같이 ES6 이상의 버전으로 작성할 수 있다.

리스트 2-1. 간단한 함수

```
() => "Simple Function"
```

babel-repl에서 함수를 실행하면 다음과 같이 출력된다.

```
[Function]
```

참고

바벨에서 코드를 실행할 필요는 없다. 최신 브라우저를 사용하거나 최신 ECMAScript를 지원한다면 코드를 브라우저 콘솔에서 실행해도 무방하다. 결국 선택의 문제다. 예를 들어 크롬에서 코드를 실행하는 경우 리스트 2-1 결과는 다음과 같다.

```
function () => "Simple Function"
```

여기서 중요한 부분은 결과가 코드를 실행하는 데 있어 함수 표현이 다를 수 있다는 것이다.

여기까지다. 함수를 작성했다. 이제 함수를 쪼개 분석해보자.

```
() => "Simple Function"
// 여기서 ()는 함수 인자를 나타낸다.
// =>는 함수 바디/정의 시작을 나타낸다.
// => 이후의 내용은 함수 바디/정의이다.
```

함수를 정의할 때 함수 키워드를 생략할 수 있다. => 연산자를 함수를 정의할 때 사용한 걸 볼 수 있는데, 이러한 방식으로 작성된 함수를 화살표 함수^{arrow function}라 한다. 이 책에 자주 등장한다.

함수가 정의되면 결과를 살펴보고자 실행하기 마련이다. 그런데 이 함수는 이름이 없다. 어떻게 호출할 수 있을까?

참고

이름이 없는 함수를 익명 함수(anonymous function)라 한다. 3장의 고차 함수를 살펴볼 때 함수형 프로그래밍 패러다임에서 익명 함수가 어떻게 사용되는지 이해할 수 있을 것이다.

리스트 2-2에서 함수 이름을 지정해보자.

리스트 2-2. 이름이 있는 간단한 함수

```
var simpleFn = () => "Simple Function"
```

이제 simpleFn 함수에 접근할 수 있으므로 참조^{reference}를 사용해 함수를 실행한다.

```
simpleFn()
// "Simple Function"이 콘솔에 반환된다.
```

함수를 생성하고 실행해봤다. ES5에서 같은 함수가 얼마나 비슷한지 볼 수 있다. 바벨을 사용해 다음 명령어로 코드를 ES5로 변환할 수 있다.

```
babel simpleFn.js --presets babel-preset-es2015 --out-file
script-compiled.js
```

현재 디렉터리에 script-compiled.js 파일이 생성된다. 에디터로 이 파일을 열어보자.

```
"use strict";

var simpleFn = function simpleFn() {
    return "Simple Function";
};
```

위 코드는 ES5 코드와 동일하다. 최신 버전 함수로 작성하는 것이 얼마나 쉽고 간결한지 볼 수 있다. 변환된 코드에는 주목해서 살펴볼 두 가지 사항이 있다. 차례대로 살펴보자.

엄격한 방식

이 절에서는 자바스크립트의 엄격한 방식을 살펴본다. 이러한 방식의 장점과 사용해야 하는 이유를 알아본다.

다음과 같이 **strict** 모드로 변환된 코드를 살펴보자.

```
"use strict";

var simpleFn = function simpleFn() {
    return "Simple Function";
};
```

엄격한 방식은 이전 형태와 다르지 않지만, 여기서 살펴보기에는 적절하다. 이미 알다시피 엄격한 방식은 ES5에서의 자바스크립트에서 소개했다.

간단히 말해 엄격한 방식은 자바스크립트의 제한된 변형이라 할 수 있다. 엄격한 방식에서 실행되는 자바스크립트 코드는 그렇지 않은 동일한 코드와 의미적으로 다를 수 있다. 자바스크립트 파일에서 엄격하게 사용하지 않는 모든 코드는 엄격하지 않은 방식도 있다.

그렇다면 왜 엄격한 방식을 사용해야 하는가? 어떤 장점이 있을까? 자바스크립트에서는 엄격한 방식을 사용하면 얻는 여러 이점이 있다. 다음과 같이 전역 변수를 정의할 때(즉, var 명령어를 지정하지 않고) 장점이 있다.

```
"use strict";

globalVar = "evil"
```

위 코드는 엄격한 방식에서는 에러가 난다. 자바스크립트에서 전역 변수를 사용하면 안 되므로, 개발자에게는 좋은 현상이다. 하지만 동일한 코드가 엄격하지 않은 방식으로 실행됐다면 오류에 대해 불평하지 않았을 것이다.

짐작할 수 있듯이 자바스크립트에서는 같은 코드를 엄격한 방식으로 실행하는 것과 엄격하지 않은 방식으로 실행하는 것은 다른 결과를 만들어낼 수 있다. 엄격한 방식이 많은 도움을 주므로, ES8 코드를 트랜스파일하는 동안 바벨의 엄격한 방식을 사용하고자 그대로 유지한다.

참고

자바스크립트 파일의 시작 부분에 엄격한 방식을 적용할 수 있으며, 이 경우 특정 파일에 정의된 전체 함수를 확인해야 한다. 그렇지 않으면 특정 함수에만 엄격한 방식을 사용할 수 있다. 이 경우 엄격한 방식은 특정 함수에서 적용되며, 다른 함수 동작은 엄격하지 않은 방식으로 유지된다. 자세한 내용은 https://developer.mozilla.org/en-US/docs/Web/JavaScript/Reference/Strict_mode을 참고하자.

상태 반환은 옵션이다

ES5로 변환된 코드에서는 **simpleFn** 함수에서 바벨이 **return**문을 추가한 것을 볼 수 있다.

```
"use strict";

var simpleFn = function simpleFn() {
    return "Simple Function";
};
```

실제 코드에서는 **return**문을 명시하지 않았다.

```
var simpleFn = () => "Simple Function"
```

그러므로 여기서 하나의 구문으로만 함수를 만든다면 암시적으로 해당 값이 반환된다는 것을 의미한다. 여러 구문의 함수는 어떤가? 어떻게 만들까?

다양한 상태 함수

이제 다양한 상태 함수를 어떻게 작성하는지 알아보자. simpleFn을 리스트 2-3에서처럼 좀 더 복잡하게 만들어보자.

리스트 2-3. 다양한 상태 함수

```
var simpleFn = () => {
    let value = "Simple Function"
    return value;
} // { }를 사용해 여러 코드를 묶을 수 있다.
```

함수를 실행한 후 이전과 동일한 결과가 도출된 것을 볼 수 있다. 그렇지만 동일한 역할을 하도록 여러 인자를 사용했다. 게다가 value 변수를 정의하고자 let 키워드를 사용했다. let 키워드는 자바스크립트 키워드군에 속한다. 정의된 블록과 관계없이 함수에 전역 변수를 정의하는 var 키워드와 달리 let 키워드는 블록의 특정 범위로 제한되는 변수를 선언할 수 있게 한다.

좀 더 자세히 보면 리스트 2-4처럼 if 블록 내의 동일한 함수를 var와 let 키워드로 작성할 수 있다.

리스트 2-4. var과 let 키워드로 구성된 SimpleFn

```
var simpleFn = () => { // 함수 범위
    if(true) {
        let a = 1;
        var b = 2;
        console.log(a)
        console.log(b)
```

```
    } // if 블록 범위
    console.log(b) // 함수 범위
    console.log(a) // 함수 범위
}
```

이 함수를 실행하면 다음과 같이 출력된다.

```
1
2
2
Uncaught ReferenceError: a is not defined(...)
```

출력 결과를 살펴보면 let 키워드로 정의된 변수는 if 블록 외부에서는 접근할 수 없으며 안에서만 접근할 수 있다. 자바스크립트는 블록 외부에서 변수에 접근할 때 오류를 던지며, 반면 var로 정의된 변수는 이러한 방식으로 동작하지 않는다. 오히려 자바스크립트 전체 함수에 대한 변수 범위를 정의한다. 이러한 이유로 변수 b는 if 블록 외부에서 접근할 수 있다.

블록 범위의 경우 앞으로 계속 필요하므로, let 키워드를 사용해 책 전반에 걸쳐 변수를 정의해본다. 이제 최종 부분으로 인자를 가진 함수를 어떻게 생성하는지 알아보자.

함수 인자

인자를 가진 함수를 생성하는 것은 ES5와 동일하다. 리스트 2-5 예제를 살펴보자.

리스트 2-5. 인자를 가진 함수

```
let identity = (value) => value
```

인자로 value를 갖고 이를 반환하는 identity라는 함수를 생성했다. 보다시피 인자를 가진 함수를 생성하는 방법은 ES5와 동일하다. 함수를 생성하는 문법만 달라졌다.

ES5 함수는 ES6 이후에서도 동작한다

이 절을 마무리하기 전에 중요한 부분을 정리해보고 가자. ES5로 작성된 함수는 최신 버전에서도 동작한다. 새로운 버전에서는 화살표 함수가 소개되는 등 작은 변화만 있지만, 기존 함수 문법을 바꾸지는 않는다. 하지만 함수형 프로그래밍의 접근을 소개하고자 이 책에서는 화살표 함수를 사용해본다.

프로젝트 구성

이제 화살표 함수를 어떻게 생성하는지 알아보고자 이 절에서는 프로젝트를 집중적으로 구성해본다. 노드 프로젝트로 구성해보며, 마지막 부분에서는 첫 번째로 함수형 함수를 작성해본다.

초기 구성

이 절에서는 하나하나씩 환경을 간단히 구성해본다. 구성 단계는 다음과 같다.

1. 첫 번째로 소스코드가 들어갈 디렉터리를 생성한다. 디렉터리명은 원하는 이름으로 한다.
2. 해당 디렉터리로 이동해 터미널로 다음 명령어를 실행한다.

```
npm init
```

3. 2단계를 실행 후 일련의 질문을 받게 될 것이다. 원하는 변수는 제공할 수 있다. 이를 마무리하면 현재 디렉터리 내에 package.json이라는 파일이 생성된다.

지금 생성한 package.json 프로젝트는 리스트 2-6과 같다.

리스트 2-6. package.json 내용

```
{
    "name": "learning-functional",
    "version": "1.0.0",
    "description": "Functional lib and examples in ES8",
    "main": "index.js",
    "scripts": {
        "test": "echo \"Error: no test specified\" && exit 1"
    },
    "author": "Anto Aravinth @antoaravinth",
    "license": "ISC"
}
```

이제 몇 개의 라이브러리를 추가해서 ES8 코드를 작성하고 실행한다. 현재 디렉터리에서 다음 명령어를 실행한다.

```
npm install --save-dev babel-preset-es2017-node7
```

참고

이 책에서는 babel-preset-es2017-node7 바벨 버전을 사용한다. 이러한 특정 버전은 이 책을 읽을 당시에는 과거 버전이 될 수도 있다. 최신 버전을 설치하는 것은 무료며, 모든 작업에 문제없을 것이다. 하지만 이 책의 내용상 특정 버전을 사용해본다.

이 명령어는 ES2017 바벨 패키지를 다운로드한다. 패키지를 설치하는 목적은 node.js 플랫폼 내의 최신 ECMAScript 코드를 실행하기 위해서다. 이 책을 집필하고 있는 시점에 node.js는 최신 요소와 완전히 호환되지는 않는다.

이 명령어를 실행한 후 디렉터리에 babel-preset-es2017 폴더를 가진 node_modules 라는 폴더를 생성한다.

설치하는 동안 --save-dev를 사용했기 때문에 npm은 package.json으로 해당되는 바벨 종속성을 추가한다. 이제 package.json를 열면 리스트 2-7과 같다.

리스트 2-7. DevDependencies를 추가한 후

```
{
    "name": "learning-functional",
    "version": "1.0.0",
    "description": "Functional lib and examples",
    "main": "index.js",
    "scripts": {
    "test": "echo \"Error: no test specified\" && exit 1"
},
    "author": "Anto Aravinth @antoaravinth>",
    "license": "ISC",
    "devDependencies": {
        "babel-preset-es2017-node7": "^0.5.2",
        "babel-cli": "^6.23.0"
    }
}
```

이제 lib과 functional-playground라는 두 개의 디렉터리를 생성할 수 있다. 이 디렉 터리는 다음과 같다.

```
learning-functional
    - functional-playground
    - lib
    - node_modules
    - babel-preset-es2017-node7/*
    - package.json
```

이제 모든 함수형 라이브러리 코드를 lib에 넣고, functional-playground를 사용해 함수형 기술을 이해하고 사용해본다.

반복 문제에 대한 첫 번째 함수적 접근

배열을 반복해 콘솔에 해당 데이터를 출력한다고 해보자. 자바스크립트로 어떻게 구현할 수 있을까?

리스트 2-8. 배열 반복

```
var array = [1,2,3]
for(i=0;i<array.length;i++)
    console.log(array[i])
```

1장에서 다뤘듯이 연산을 함수로 추상화하는 것은 함수형 프로그래밍의 필수 중 하나다. 루프를 반복하는 방법을 알려주지만 반복하는 것보다 언제든지 재사용할 수 있도록 이러한 연산을 함수에 추상화해보자.

lib 디렉터리에 es8-functional.js 파일을 생성한다. 이 디렉터리는 다음과 같이 구성된다.

```
learning-functional
    - functional-playground
    - lib
        - es8-functional.js
    - node_modules
        - babel-preset-es2017-node7/*
    - package.json
```

해당 파일을 배치한 상태에서 리스트 2-9의 내용을 해당 파일에 넣는다.

```
const forEach = (array,fn) => {
    let i;
    for(i=0;i<array.length;i++)
        fn(array[i])
}
```

참고

지금은 함수가 어떻게 동작하는지 신경 쓰지 말자. 3장에서 자바스크립트에서 동작하는 고차 함수를 살펴볼 것이며, 여러 예제를 알아본다.

함수 정의에서 const 키워드로 시작한다는 것을 알 수 있다. 이 키워드는 최신 버전의 한 형태로, 정적인 정의를 할 수 있게 한다. 예를 들어 다음과 같이 동일한 이름으로 변수를 재지정할 수 있다.

```
forEach = "" // 문자열로 함수를 만든다.
```

위 코드는 다음과 같은 오류를 던진다.

```
TypeError: Assignment to constant variable.
```

이는 재지정이 잘못되지 않게 한다. 이제 배열의 모든 데이터를 콘솔에 출력하는 함수를 사용해본다. 이를 위해 functional-playground 디렉터리에 play.js 함수 파일을 생성한다. 현재 파일은 다음과 같이 구성된다.

```
learning-functional
  - functional-playground
     - play.js
```

```
    - lib
        - es8-functional.js
    - node_modules
        - babel-preset-es2017-node7/*
 - package.json
```

play.js에서 **forEach**를 호출할 것이다. 이 함수가 다른 파일에 위치해 있을 때 어떻게 호출할까?

출력

ES6는 **modules**라는 개념도 소개한다. ES6 모듈은 여러 파일에 저장돼 있다. 여기서는 모듈로 es8-function.js 파일 자체를 생각할 수 있다. 모듈 개념과 함께 입력 및 출력 상태까지 제공된다. 실행 예제를 살펴보면 **forEach** 함수를 익스포트^{export}해 다른 함수가 이 함수를 사용할 수 있게 한다. es8-functional.js 파일에 리스트 2-10의 코드를 추가할 수 있다.

리스트 2-10. forEach 함수 출력

```
const forEach = (array,fn) => {
    let i;
    for(i=0;i<array.length;i++)
        fn(array[i])
}
export default forEach
```

입력

리스트 2-10을 살펴보면 함수를 출력했는데, 입력도 살펴보자. play.js 파일을 열고, 리스트 2-11의 코드를 추가해보자.

리스트 2-11. forEach 함수 입력

```
import forEach from '../lib/es8-functional.js'
```

위 코드는 자바스크립트가 es8-functional.js에서 **forEach** 함수를 입력하게 한다. 이제 이 함수는 **forEach** 함수와 함께 전체 파일에서 사용할 수 있다. 리스트 2-12처럼 play.js에 코드를 추가해보자.

리스트 2-12. 입력된 forEach 함수 사용

```
import forEach from '../lib/es8-functional.js'
var array = [1,2,3]
forEach(array,(data) => console.log(data)) // 임포트된 forEach 참조
```

바벨-노드를 사용한 코드 실행

이제 play.js 파일을 실행하자. 파일에서 최선 버전을 사용하기 때문에 이 코드를 실행하고자 바벨-노드를 사용해야 한다. 바벨-노드는 코드를 트랜스파일transpile(한 언어로 작성된 코드를 비슷한 추상화를 가진 다른 언어로 변환하는 과정을 의미한다. 바벨이 대표적인 트랜스파일 모듈이다 - 옮긴이)하고자 사용되며, node.js에서 실행된다. 바벨-노드는 babel-cli로 설치한다.

따라서 프로젝트 루트 디렉터리에서 다음과 같이 바벨-노드를 호출할 수 있다.

```
babel-node functional-playground/play.js --presets es2017
```

위 명령어는 play.js 파일이 es2017로 트랜스파일되며, node.js에서 실행되게 한다. 이는 다음과 같이 출력된다.

```
1
2
3
```

지금까지 함수에서 **for** 로직을 추출해봤다. 배열의 요소를 2배 곱해 반복적으로 출력한다고 해보자. 간단하게 **forEach**를 재사용해 다음과 같이 출력할 수 있다.

```
forEach(array,(data) => console.log(2 * data))
```

참고

이 책 전반에 걸쳐 이러한 패턴을 사용한다. 이러한 패턴으로 함수형 기술을 구현하고, 나아가 es8-functional.js에서 함수를 캡처할 수 있어야 한다. 다음으로, play.js 파일에서 이러한 패턴을 사용해보자.

npm에서 스크립트 작성

play.js 파일을 어떻게 실행하는지 살펴봤는데, 명령어를 입력하기에는 너무 번거롭다. 매번 다음과 같이 입력해 실행해야 한다.

```
babel-node functional-playground/play.js --presets es2015-node5
```

이보다 리스트 2-13처럼 명령어를 묶어 **npm** 스크립트를 작성해보자. 이처럼 package.json으로 바꿀 수 있다.

```
{
    "name": "learning-functional",
    "version": "1.0.0",
    "description": "Functional lib and examples",
    "main": "index.js",
    "scripts": {
        "playground" : "babel-node functional-playground/play.js
        --presets es2017-node7"

    },
    "author": "Anto Aravinth @antoaravinth",
    "license": "ISC",
    "devDependencies": {
        "babel-preset-es2017-node7": "^0.5.2"
    }
}
```

바벨-노드 명령어를 스크립트에 추가했으므로, 다음과 같이 playground 파일(노드 functional-playground/play.js)을 실행할 수 있다.

```
npm run playground
```

이전과 동일하게 동작한다.

깃을 이용한 코드 실행

2장에서 다뤄본 모든 내용은 깃 저장소(https://github.com/antoaravinth/functional-es8)에 있다. 다음과 같이 각자 시스템에 클론할 수 있다.

```
git clone https://github.com/antsmartian/functional-es8.git
```

저장소를 클론한 후 특정 장의 소스코드 브랜치로 이동할 수 있다. 각 장에는 저장소에 각 브랜치가 있다. 예를 들어 2장에서 살펴본 코드를 보려면 다음과 같이 입력한다.

```
git checkout -b chap02 origin/chap02
```

브랜치를 체크아웃한 후 이전처럼 playground 파일을 실행할 수 있다.

요약

2장에서는 함수를 어떻게 사용하는지 많은 시간을 할애했다. 노드 플랫폼에서 동일하게 코드를 실행하고자 바벨 도구 사용의 이점이 무엇인지 알아봤다. 노드 프로젝트 형태의 프로젝트도 생성했다. 노드 프로젝트에서 바벨 노드를 사용해 어떻게 코드를 변환하고, 기존 설정대로의 노드 환경에서 어떻게 실행하는지 알아봤다. 이 책의 소스코드를 다운로드하고 실행하는 방법도 다뤘다. 지금까지 배운 내용을 숙지하고, 3장에서는 고차 함수가 무엇을 의미하는지 알아본다. 3장에서는 ES7의 Async/Await 특성을 다룬다.

고차 함수

2장에서는 ES8로 간단한 함수를 어떻게 작성하는지 알아봤다. 노드 환경을 사용해 함수형 프로그램을 사용하기 위한 환경도 구성했다. 사실 2장에서는 forEach라는 함수형 프로그램 API^Application programming interface를 만들었다. 2장에서 개발한 forEach 함수에는 특별한 부분이 있다. 함수 자체의 인자를 forEach 함수로 전달했다. 여기에 잘못된 부분은 없으며, 함수가 인자를 전달할 수 있다는 자바스크립트 명세의 한 부분이다. 언어로서의 자바스크립트는 함수를 데이터로 다룬다. 데이터 영역에서 함수를 전달할 수 있는 강력한 개념도 있다. 인자로 다른 함수를 전달받는 함수를 고차 함수 higher order function라고 한다.

3장에서는 고차 함수(HOC라고 속칭한다)를 깊게 다룬다. 간단한 예제와 고차 함수의 정의부터 시작한다. 이후 프로그래머가 고차 함수를 사용해 어려운 문제를 어떻게 해결하는지 실제 예제를 바탕으로 살펴본다. 그전에 3장에서 생성한 고차 함수를 라이브러리에 추가한다. 시작해보자!

몇 개의 고차 함수를 생성하고, 라이브러리에 추가해본다. 코드 이면에서 어떻게 동작하는지 살펴보고자 코드를 실행해본다. 라이브러리는 현재 리소스를 명확히 배울 수 있지만, 바로 사용할 수는 없으니 주의하자.

참고

3장의 예제와 라이브러리 소스코드는 chap03 브랜치에 있다. 저장소 URL은 https://github.com/antsmartian/functional-es8.git이다.

코드를 확인한 후 chap03 브랜치를 확인해보자.

```
...
git checkout -b chap03 origin/chap03
...
```

코드를 실행한 후 다음 명령어를 실행한다.

```
...
npm run playground
...
```

데이터의 이해

프로그래머로서 데이터로 동작되는 프로그램을 알아야 한다. 데이터는 실행할 프로그램을 작성하는 과정에 있어 중요하다. 따라서 모든 프로그래밍 언어는 프로그래머가 작업할 데이터를 제공한다. 예를 들어 사람 이름의 경우 String이라는 데이터형에 저장할 수 있다. 다음 절에서 다루겠지만 자바스크립트는 이러한 데이터형을 제공한다. 이 절의 마지막에는 확실하고 간단한 예제로 고차 함수를 정의해본다.

자바스크립트 데이터형 이해

모든 프로그래밍 언어는 데이터형을 갖고 있다. 이러한 데이터형은 데이터를 저장하고 프로그램이 이에 접근할 수 있게 한다. 이 절에서는 자바스크립트 데이터형을 소개한다.

간단하게 분류하면 자바스크립트는 다음과 같은 데이터형을 지원한다.

- 숫자^{Number}
- 문자열^{String}
- 불리언^{Boolean}
- 객체^{Object}
- 널^{null}
- 정의되지 않은^{undefined}

자바스크립트에서는 함수군의 데이터형도 있다. function 데이터형의 경우 String과 유사하므로, 변수를 전달하고 저장 등을 할 수 있다. 함수는 프로그래밍 언어가 다른 데이터형으로 사용하게 허용하는 경우 중요하므로, 변수로 지정되고, 인자를 전달하고, 문자열 및 숫자 데이터와 유사하게 다른 함수에서 반환될 수 있다. 다음 절에서 함수를 저장하고 전달하는 것이 어떤 의미인지 알아보자.

함수 저장

알다시피 함수는 데이터다. 따라서 변수 안에 저장할 수 있다. 리스트 3-1의 코드는 자바스크립트에 알맞은 코드다.

리스트 3-1. 변수에 함수 저장하기

```
let fn = () => {}
```

이 코드에서 fn은 함수 데이터형을 가리키는 변수다. 다음 코드를 실행해서 fn이 function형인 것을 쉽게 확인할 수 있다.

```
typeof fn
=> "function"
```

fn은 단지 함수에 대한 참조이므로 다음과 같이 할 수 있다.

```
fn()
```

이는 fn이 가리키는 함수를 동작시킨다.

함수 전달

일상적인 자바스크립트 프로그래머들은 함수에 데이터를 어떻게 전달하는지 알고 있다. 리스트 3-2에서 인자를 전달받아 인자의 데이터형을 콘솔에 출력하는 함수를 살펴보자.

리스트 3-2. tellType 함수

```
let tellType = (arg) => {
    console.log(typeof arg)
}
```

tellType 함수에 인자를 하나 전달해서 어떤 결과가 나타나는지 살펴보자.

```
let data = 1
tellType(data)
=> number
```

특별한 부분이 없다. 앞 절에서 보듯이 변수에도 함수를 저장할 수 있다(자바스크립트의 함수는 데이터이기 때문이다). 그렇다면 함수에 대한 참조를 변수로 전달하는 것은 어떨까? 빠르게 살펴보자.

```
let dataFn = () => {
    console.log("I'm a function")
}
tellType(dataFn)
=> function
```

훌륭하다. 이제 함수형일 때 리스트 3-3처럼 **tellType**이 전달된 인자를 실행하게 해보자.

리스트 3-3. arg가 함수면 tellType은 arg 함수를 실행한다.

```
var tellType = (arg) => {
    if(typeof arg === "function")
        arg()
    else
        console.log("The passed data is " + arg)
}
```

여기서 전달된 **arg** 변수가 function형인지 확인해서 function형이라면 호출한다. 변수가 function형이라면 실행될 함수에 대한 참조가 있다는 것을 의미한다. 리스트 3-3 코드에서 if문에 해당되면 **arg()**를 호출하기 때문이다.

dataFn 변수를 **tellType** 함수에 전달해 함수를 실행해보자.

```
tellType(dataFn)
=> I'm a function
```

성공적으로 dataFn 함수를 tellType 함수로 전달해서 전달된 함수를 실행했다. 이렇게 간단하다.

함수 반환

함수를 다른 함수로 전달하는 과정을 살펴봤다. 자바스크립트에서 함수는 간단한 데이터이므로, 다른 함수로도 반환이 가능하다(다른 데이터형과 유사하다).

리스트 3-4를 살펴보면 다른 함수로 반환하는 함수 예제를 살펴보자.

리스트 3-4. 문자열을 반환하는 crazy 함수

```
let crazy = () => { return String }
```

참고

자바스크립트는 String이라는 내장 함수가 있다. 다음과 같이 자바스크립트에서 새로운 문자열 값을 생성해 이 함수를 사용할 수 있다.

```
String("HOC")
=> HOC
```

crazy 함수는 String 함수를 가리키는 함수 참조를 반환한다. crazy 함수를 호출해보자.

```
crazy()
=> String() { [native code] }
```

보다시피 crazy 함수 호출은 String 함수를 반환한다. 단순히 함수 참조를 반환하며, 함수를 실행하지는 않는다. 반환된 함수 참조로 다음과 같이 호출할 수 있다.

```
let fn = crazy()
fn("HOC")
=> HOC
```

또는 다음과 같이 할 수 있다.

```
crazy()("HOC")
=> HOC
```

참고

다른 함수를 반환할 모든 함수 위에 간단한 주석을 달 수 있다. 이후 소스코드를 쉽게 읽는 데 많은 도움이 된다. 예를 들어 crazy 함수에 다음과 같이 주석을 달 수 있다.

```
//Fn => String
let crazy = () => { return String }
```

Fn => String 주석은 crazy 함수를 쉽게 읽게 도와주며, 이후 String을 가리키는 다른 함수를 실행하고 반환한다.

이 책에서 읽기 좋은 여러 주석을 사용해본다.

이 절에서는 인자로서 다른 함수를 취하는 함수를 살펴보고, 다른 함수를 반환하지 않는 함수 예제를 살펴봤다. 이제 함수를 인자로 받고 반환하며, 이를 출력하는 고차 함수의 정의를 살펴보자.

추상화와 고차 함수

고차 함수를 생성하고 실행하는 방법을 살펴봤다. 일반적으로, 고차 함수는 일반적인 문제를 추출하고자 작성된다. 다시 말해 고차 함수는 추상화[abstraction]를 정의하는 것이다.

이 절에서는 고차 함수와 추상화라는 단어의 관계를 알아본다.

추상화 정의

위키피디아[Wikipedia]에서는 추상화를 다음과 같이 정의한다.

> 소프트웨어 공학과 컴퓨터 과학에서 추상화는 복잡한 컴퓨터 시스템을 다루기 위한 기술이다. 현재 단계보다 더 복잡한 내용을 제외하면서 인간과 시스템이 상호작용하는 계층을 구성한다. 프로그래머는 이상적인 인터페이스(대개는 잘 정의된)를 사용하며, 그렇지 않으면 다루기에 너무 복잡한 추가적인 함수 계층을 넣을 수 있다.

다음 글에서 좀 더 흥미로운 부분을 볼 수 있다.

> 예를 들어 숫자 연산이 포함된 코드 작성은 숫자가 기존 하드웨어(16비트 또는 32비트 정수)에서 나타나는 방식과는 상관없을 수 있으며, 자세한 부분이 생략된 위치를 프로그래머가 수행할 간단한 숫자를 남기는 abstracted away라고 부른다.

이 글은 추상화를 명확하게 이야기해준다. 추상화는 기존 시스템 개념을 문제없이 원하는 목표대로 수행할 수 있게 한다.

고차 함수를 통한 추상화

이 절에서는 앞 절에서 다룬 추상화 개념을 이해고자 고차 함수를 어떻게 가져오는지 살펴본다. 2장(리스트 2-9)에서 정의한 forEach 함수 코드를 살펴보자.

```
const forEach = (array,fn) => {
    for(let i=0;array.length;i++)
        fn(array[i])
}
```

위의 forEach 함수는 배열을 순회하는 문제를 추상화했다. forEach API 사용자는 forEach 함수에서 순회 부분이 어떻게 구현됐는지 이해할 필요가 없으므로, 이 문제를 추상화했다.

참고

forEach 함수에서 전달된 fn 함수를 살펴보면 배열의 현재 반복자 내용으로 단일 인자를 통해 호출된다.

. . .

fn(array[i])

. . .

따라서 forEach 함수의 사용자가 함수를 호출하면 다음과 같다.

```
forEach([1,2,3],(data) => {
    // 데이터는 forEach 함수에서
    // 현재 함수에 인자로 전달된다.
})
```

---

forEach는 기본적으로 배열을 순회한다. 자바스크립트 객체를 순회한다는 것은 무엇일까? 자바스크립트 객체를 순회하는 단계는 다음과 같다.

1. 주어진 객체의 모든 키를 반복한다.
2. 키에 해당하는 각 객체를 확인한다.
3. 2단계가 확인되면 키의 값을 얻는다.

리스트 3-5를 살펴보면 **forEachObject**라는 고차 함수에서 이런 단계를 추상화해보자.

리스트 3-5. forEachObject 함수 정의

```
const forEachObject = (obj,fn) => {
    for (var property in obj) {
        if (obj.hasOwnProperty(property)) {
            // 인자로 키와 값을 사용해 fn을 호출한다.
            fn(property, obj[property])
        }
    }
}
```

참고

forEachObject는 첫 번째 인자로 자바스크립트 객체(obj)를 취하고, 두 번째 인자로 fn 함수를 받는다. 이 함수는 위 알고리즘을 사용해 객체를 순회하고 키와 값을 각각 인자로 하는 fn을 호출한다.

이제 실행해보자.

```
let object = {a:1,b:2}
forEachObject(object, (k,v) => console.log(k + ":" + v))
=> a:1
=> b:1
```

훌륭하다! 여기서 중요한 부분은 forEach와 forEachObject 함수 모두 고차 함수이므로, 개발자가 순회 부분을 추상화해 태스크(해당하는 함수를 전달한다)로 작업할 수 있다. 이러한 순회 함수를 추상화했으므로, 간결한 코드로 철저히 테스트할 수 있다. 제어 흐름^{control flow}을 다루는 추상화 방법을 구현해보자.

이를 위해 unless라는 함수를 생성해보자. unless는 참이나 거짓인 논리형을 취하는 간단한 함수다.

리스트 3-6. unless 함수 정의

```
const unless = (predicate,fn) => {
    if(!predicate)
        fn()
}
```

여기서의 unless 함수에서 리스트에서 짝수를 찾고자 간단한 코드를 작성할 수 있다. 코드는 다음과 같다.

```
forEach([1,2,3,4,5,6,7],(number) => {
    unless((number % 2), () => {
        console.log(number, " is even")
    })
})
```

코드를 실행하면 다음과 같이 출력된다.

```
2 ' is even'
4 ' is even'
6 ' is even'
```

이 경우 배열 리스트에서 짝수를 얻게 된다. 0에서 100까지 짝수를 리스트에서 얻고자 하면 어떻게 할까? 여기서는 forEach 함수를 사용하지 않아도 된다(물론 [0, 1, 2....., 100] 배열이 있다면 사용할 수 있다). times라는 다른 고차 함수를 살펴보자. time은 숫자를 취하는 또 다른 고차 함수며, 호출자를 여러 번 표시해 전달된 함수를 호출한다. 리스트 3-7에서 times 함수를 살펴보자.

리스트 3-7. times 함수 정의

```
const times = (times, fn) => {
    for (var i = 0; i < times; i++)
        fn(i);
}
```

times 함수는 forEach 함수와 매우 유사하다. Array보다는 Number를 통해 연산하게 된다. 이제 times 함수를 이용해 다음과 같이 문제를 해결할 수 있다.

```
times(100, function(n) {
    unless(n % 2, function() {
        console.log(n, "is even");
    });
});
```

보다시피 다음과 같이 출력된다.

```
0 'is even'
2 'is even'
4 'is even'
6 'is even'
8 'is even'
10 'is even'
 · · ·
 · · ·
```

```
94 'is even'
96 'is even'
98 'is even'
```

반복을 추상화하는 코드를 바탕으로 간단하게 확인할 수 있는 간결한 고차 함수를 만들 수 있다.

고차 함수 예제를 살펴봤으면 다음 과정으로 넘어가보자. 다음 절에서는 현실에서의 고차 함수를 다루고 어떻게 생성하는지 알아보자.

참고

3장에서 생성한 모든 고차 함수는 chap03 브랜치에 있다.

현실에서의 고차 함수

이 절에서는 고차 함수의 실제 예제를 살펴보자. 간단한 고차 함수를 살펴보며, 이후 매일 일하는 자바스크립트 개발자들이 사용하는 복잡한 고차 함수로 넘어가본다. 흥미롭지 않은가? 그러면 무얼 기다리고 있는가? 읽어보자.

참고

이 예제는 이후 클로저(closures) 개념을 소개하는 4장에서 계속된다. 대부분의 고차 함수는 클로저와 함께 사용된다.

---

every 함수

자바스크립트 개발자는 종종 배열의 내용이 숫자인지 객체 등인지 확인해야 할 때가
있다. 이러한 문제를 해결할 때 일반적으로 for 루프를 사용하는데, every 함수로
추상화해보자. every 함수는 배열과 함수라는 두 개의 인자를 취한다. 이 함수는 배열
의 모든 요소가 전달된 함수에 대해 참인지 확인한다. 리스트 3-8과 같이 구현할 수
있다.

리스트 3-8. every 함수 정의

```
const every = (arr,fn) => {
    let result = true;
    for(let i=0;i<arr.length;i++)
        result = result && fn(arr[i])
    return result
}
```

여기서 전달된 배열을 반복하며, 각 단계에서 현재 배열 요소를 전달해 fn을 호출한
다. 전달된 fn은 불리언 값을 반환한다. 다음으로 &&를 사용해 배열의 모든 요소가
fn에 주어진 기준에 부합하는지 확인한다.

every 함수가 정상적으로 동작하는지 빠르게 확인해야 한다. NaN 배열을 전달하고,
isNaN으로 fn에 전달하며, 주어진 숫자가 NaN인지 아닌지 확인한다.

```
every([NaN, NaN, NaN], isNaN)
=> true
every([NaN, NaN, 4], isNaN)
=> false
```

훌륭하다. every 함수는 구현하기 쉬운 일반적인 고차 함수며, 유용하다. 다음으로
넘어가기 전 for...of 루프에 익숙해져야 한다. for...of 루프는 배열 요소를 반복할

때 사용된다. 리스트 3-9에서 for 루프를 통해 **every** 함수를 다시 작성해보자.

리스트 3-9. for...of 루프를 사용한 every 함수

```
const every = (arr,fn) => {
    let result = true;
    for(const value of arr)
        result = result && fn(value)
    return result
}
```

for...of 루프는 기존 for 루프를 추상화한 것이다. 위 코드를 살펴보면 for...of는 인덱스 변수 등을 숨기면 배열 순회를 하지 않는다. for...of를 every로 추상화할 수 있다. 이것이 모두 추상화다. 자바스크립트의 다음 버전에서는 for...of의 방식이 어떻게 될까? every 함수에서 이 방법을 바꿀 수 있다. 이것이 추상화의 가장 중요한 이점 중 하나다.

some 함수

every 함수와 유사하게 some이라는 함수도 있다. some 함수는 every 함수와는 완전히 반대로, 전달된 함수에 대해 배열 요소가 참을 반환하면 참을 반환하는 함수다. some 함수는 any 함수라고도 한다. 리스트 3-10을 살펴보면 some 함수를 구현하고자 && 대신 ||를 사용한다.

리스트 3-10. some 함수 정의

```
const some = (arr,fn) => {
    let result = false;
    for(const value of arr)
        result = result || fn(value)
    return result
}
```

every 함수는 배열의 첫 번째 요소가 기준에 일치하지 않을 때까지 순회하며, some 함수는 첫 번째 일치까지 순회하므로, every와 some 함수 모두 방대한 배열에 대해서는 비효율적으로 구현됐다. 3장에서는 코드 효율성과 정확성보다는 고차 함수의 개념을 이해하고 기억하자.

여기서의 some 함수를 이용해 다음과 같이 배열을 전달해서 결과를 확인할 수 있다.

```
some([NaN,NaN, 4], isNaN)
=>true
some([3,4, 4], isNaN)
=>false
```

some과 every 함수 모두 살펴본 후 sort 함수를 살펴보고 고차 함수가 어떻게 중요한 역할을 하는지 알아보자.

sort 함수

sort 함수는 자바스크립트의 Array 프로토타입에서 사용 가능한 내장 함수다. 다음과 같은 과일 목록을 정렬해야 한다고 해보자.

```
var fruit = ['cherries', 'apples', 'bananas'];
```

Array 프로토타입에서 사용 가능한 sort 함수를 간단히 호출할 수 있다.

```
fruit.sort()
=> ["apples", "bananas", "cherries"]
```

너무 간단하다. sort 함수는 함수를 인자로 취하는 고차 함수로, sort 함수가 정렬 논리를 정할 수 있게 한다. 다음과 같이 간단하게 sort 함수의 특징을 넣을 수 있다.

```
arr.sort([compareFunction])
```

compareFunction은 선택적이다. compareFunction을 넣지 않으면 요소는 문자열로 변화되면서 정렬되고, 유니코드 순서대로 문자열이 비교된다. 이 절에서는 고차 함수를 다루므로 유니코드 변환은 알 필요 없다. 중요한 점은 정렬할 때 자체 논리로 요소를 비교하므로, compareFunction이 전달돼야 한다는 점이다. compareFunction이 전달되면 자바스크립트에서 모든 데이터를 정렬할 수 있는 만큼 sort 함수가 유연하다는 것을 느낄 수 있다. sort 함수는 고차 함수 그 자체이므로 유연하다.

compareFunction을 작성하기 전에 실제 구현해야 할 것을 살펴보자. compareFunction 은 https://developer.mozilla.org/en-US/docs/Web/JavaScript/Reference/Global_Objects/Array/sort에서 언급했듯이 리스트 3-11에서 구현해본다.

리스트 3-11. compare 함수 구조

```
function compare(a, b) {
    if (a is less than b by some ordering criterion) {
        return -1;
    }
    if (a is greater than b by the ordering criterion) {
        return 1;
    }
    // a는 b와 같아야 한다.
    return 0;
}
```

간단한 예제로 people 리스트가 있다고 해보자.

```
var people = [
    {firstname: "aaFirstName", lastname: "cclastName"},
    {firstname: "ccFirstName", lastname: "aalastName"},
    {firstname:"bbFirstName", lastname:"bblastName"}
];
```

이제 객체에서 `firstname` 키를 사용해 `people`을 정렬해보고, compareFunction에 다음과 같이 전달해야 한다.

```
people.sort((a,b) => { return (a.firstname < b.firstname) ? -1 :
(a.firstname > b.firstname) ? 1 : 0 })
```

다음과 같은 데이터를 반환한다.

```
[ { firstname: 'aaFirstName', lastname: 'cclastName' },
  { firstname: 'bbFirstName', lastname: 'bblastName' },
  { firstname: 'ccFirstName', lastname: 'aalastName' } ]
```

다음과 같이 `lastname`에 대해 정렬한다.

```
people.sort((a,b) => { return (a.lastname < b.lastname) ? -1 :
(a.lastname > b.lastname) ? 1 : 0 })
```

다음과 같이 출력된다.

```
[ { firstname: 'ccFirstName', lastname: 'aalastName' },
  { firstname: 'bbFirstName', lastname: 'bblastName' },
  { firstname: 'aaFirstName', lastname: 'cclastName' } ]
```

compareFunction의 로직을 살펴보자.

```
```

```
function compare(a, b) {
    if (a is less than b by some ordering criterion) {
        return -1;
    }
    if (a is greater than b by the ordering criterion) {
        return 1;
    }
    // a와 b는 같아야 한다.
    return 0;
}
```

compareFunction의 알고리즘을 살펴보면 좀 더 이해가 되는가? compareFuncgion, evey, time을 작성하는 것보다 함수에서 로직을 추상화할 수 있을까? 이전 예제를 참고하면 두 함수를 각각 firstName과 lastName으로 비교하며, 거의 동일한 코드로 작성할 수 있다. 이 문제를 고차 함수를 바탕으로 풀어보자. 이제 디자인할 함수는 인자로 함수를 취하지 않고 대신 함수를 반환한다(고차 함수는 함수도 반환할 수 있다).

리스트 3-12처럼 사용자가 전달된 속성을 기반으로 객체의 배열을 정렬할 수 있는 sortBy 함수를 호출해보자.

리스트 3-12. sortBy 함수 정의

```
const sortBy = (property) => {
    return (a,b) => {
        var result = (a[property] < b[property]) ? -1 :
                (a[property] > b[property]) ? 1 : 0;
        return result;
    }
}
```

sortBy 함수는 property 인자를 취하고 두 개의 인자를 취하는 함수를 반환한다.

```
. . .
    return (a,b) => { }
. . .
```

반환된 함수는 compareFunction 로직에서 본 간단한 함수 형태다.

```
. . .
(a[property] < b[property]) ? -1 : (a[property] > b[property]) ? 1 : 0;
. . .
```

firstname 속성으로 함수를 호출한다고 해보며, 이후 property로 대체된 함수 형태는
다음과 같다.

```
(a,b) => return (a['firstname'] < b['firstname']) ? -1 :
        (a['firstname'] > b['firstname']) ? 1 : 0;
```

이는 하나하나 함수를 작성하는 형태다. 이제 sortBy 함수를 사용해보자.

```
people.sort(sortBy("firstname"))
```

다음과 같이 반환된다.

```
[ { firstname: 'aaFirstName', lastname: 'cclastName' },
  { firstname: 'bbFirstName', lastname: 'bblastName' },
  { firstname: 'ccFirstName', lastname: 'aalastName' } ]
```

lastname에 대해 정렬하려면 다음과 같다.

```
people.sort(sortBy("lastname"))
```

다음과 같이 반환한다.

```
[ { firstname: 'ccFirstName', lastname: 'aalastName' },
  { firstname: 'bbFirstName', lastname: 'bblastName' },
  { firstname: 'aaFirstName', lastname: 'cclastName' } ]
```

대단하다! sort 함수는 compareFunction을 받고 sortBy 함수를 반환한다. 주변에 많은 고차 함수가 있다. 다시 한 번 compareFunction 내의 논리를 추상화해보며, 사용자가 실제 필요한 부분에 집중할 수 있게 해보자. 그 후 고차 함수는 추상화와 유사하다.

하지만 잠시 멈추고 sortBy 함수를 생각해보자. sortBy 함수는 속성을 취하고 다른 함수를 반환한다. 반환된 함수는 compreFunction이 sort 함수로 전달된 것이다. 여기서 궁금한 것은 왜 반환된 함수가 전달된 property 인자 값을 가져오느냐이다.

클로저의 세계에 온 것을 환영한다. sortBy 함수는 자바스크립트에서 클로저를 지원하기 때문에 동작한다. 고차 함수를 작성하고 나아가기 전에 클로저를 명확히 이해해야 한다. 클로저는 4장에서 다루는 주제다.

4장에서 클로저를 설명한 후 실제 고차 함수를 작성해본다.

요약

자바스크립트가 지원하는 간단한 데이터형부터 시작했다. 자바스크립트에서 함수가 데이터형이라는 것도 알았다. 따라서 데이터를 저장하는 모든 곳에서 함수를 이용할 수 있다. 다시 말해 함수는 저장할 수도, 전달될 수도, 다른 데이터형처럼 재할당될 수도 있다. 자바스크립트의 이 강력한 특징은 함수가 다른 함수에 전달되는 고차 함수를 가능케 한다. 고차 함수란 다른 함수를 인자로 취하고 함수를 반환하는 함수라는 것을 기억하자. 3장에서는 개발자가 복잡한 부분을 추상화하는 데 고차 함수 개념이 어떻게 도움을 주는지 몇 개의 예제를 바탕으로 살펴봤다. 라이브러리에 있는 몇 가지 함수를 생성하고 추가해봤다. 이후 4장에서 다룰 주제이면서 자바스크립트에서 중요한 개념인 클로저를 통해 동작하는 고차 함수를 언급하며 3장을 마무리했다.

클로저와 고차 함수

3장에서는 고차 함수가 개발자로 하여금 일반적인 문제를 추상화로 만들 수 있게 어떻게 도와주는지 살펴봤다. 배웠다시피 이는 강력한 개념이다. 사용자 케이스의 유효하며 적절한 예제를 보고자 sortBy 고차 함수를 생성했다. sortBy 함수가 고차 함수(함수를 다른 함수에게 인자로 전달하는 개념)의 기저로 작용할지라도 자바스크립트에서 클로저라는 개념이 필요하다.

함수형 프로그래밍 개념을 알기 전에 자바스크립트에서 클로저를 이해해야 한다. 여기서부터 4장이 시작된다. 4장에서는 클로저가 무엇인지 자세히 살펴보고, 동시에 유용하고 실제 고차 함수 세계를 계속 이어나가본다. 클로저의 개념은 자바스크립트 범위에서 한정되며, 다음 절에서 클로저를 다뤄보자.

참고

4장의 예제와 라이브러리 소스코드는 chap04 브랜치에 있다. 저장소 URL은 https://github.com/antoaravinth/functional−es8.git이다.

코드를 확인한 후 chap04 브랜치를 확인해보자.

```
...
git checkout -b chap04 origin/chap04
...
```

코드를 실행한 후 다음 명령어를 실행한다.

```
...
npm run playground
...
```

클로저 이해

이 절에서는 간단한 예제를 통해 클로저를 이해해보며, 이후 클로저가 어떻게 작동하는지 sortBy 함수를 하나하나 분석해본다.

클로저

간단히 얘기해 클로저는 내부 함수다. 내부 함수란 무엇일까? 간단히 말해 다음과 같이 다른 함수 내에 있는 함수다.

```
function outer() {
    function inner() {
    }
}
```

그렇다. 이것이 클로저다. inner 함수를 클로저 함수^{closure function}라고 부른다. 클로저는 스코프 사슬^{scope chains}(스코프 레벨)에 접근할 수 있어 유용하다. 다음 절에서 스코프 사슬을 다룬다.

기술적으로 클로저는 세 개의 스코프를 갖고 있다.

1. 자체 선언 내에서 선언된 변수
2. 전역 변수에 접근
3. 외부 함수의 변수에 접근(흥미로움)

간단한 예제를 통해 세 부분을 각각 알아보자. 다음 코드를 살펴보자.

```
function outer() {
    function inner() {
        let a = 5;
        console.log(a)
    }
    inner() // 내부 함수를 호출한다.
}
```

inner 함수가 호출되면 콘솔에 어떻게 출력될까? 5가 출력된다. 이는 첫 번째에 살펴본 관점 때문이다. 클로저 함수는 각기 선언된 변수에 모두 접근할 수 있다(1번을 보자). 전혀 어렵지 않다.

이제 앞의 코드를 다음과 같이 수정해보자.

```
let global = "global"
function outer() {
    function inner() {
        let a = 5;
        console.log(global)
    }
    inner() // 내부 함수를 호출한다.
}
```

이제 inner 함수가 실행되면 global 변수가 출력된다. 따라서 클로저는 전역 변수에 접근할 수 있다(2번을 보자). 1번과 2번 스코프는 이제 예제를 통해 확실해졌다. 세 번째 관점은 매우 흥미로운데, 다음 코드를 살펴보자.

```
let global = "global"
function outer() {
    let outer = "outer"
    function inner() {
        let a = 5;
        console.log(outer)
    }
    inner() // 내부 함수를 호출한다.
}
```

이제 inner 함수가 실행되면 outer 값을 출력한다. 적절한 결과인 것 같지만, 클로저의 중요한 속성이다. 클로저는 외부 함수의 변수에 접근했다. 여기서 외부 함수는 클로저 함수를 감싸는 함수다. 이 속성은 클로저를 유용하게 만든다.

참고

클로저는 감싸고 있는 함수 파라미터에도 접근할 수 있다. outer 함수에 파라미터를 추가해보고 inner 함수에서 접근해보자. 간단하게 연습해보고 다음으로 넘어가보자.

어디서부터 생겨났을까?

잎 절에서 클로저가 무엇인지 살펴봤다. 이제 다소 복잡한 예제를 살펴보면서 클로저에 대한 또 다른 중요한 개념을 알아본다. 클로저의 문맥을 생각하자.

다음 코드를 살펴보자.

```
var fn = (arg) => {
    let outer = "Visible"
    let innerFn = () => {
        console.log(outer)
        console.log(arg)
    }
    return innerFn
}
```

코드는 간단하다. innerFn은 fn에 대한 클로저 함수이고, fn이 호출되면 innerFn을 반환한다. 복잡한 부분이 없다.

fn을 살펴보자.

```
var closureFn = fn(5);
closureFn()
```

다음과 같이 출력된다.

```
Visible
5
```

어떻게 closureFn이 Visible과 5를 콘솔에 출력할까? 이면에 어떻게 동작될까? 살펴
보자.

이 경우 다음과 같은 두 과정이 일어난다.

1. 다음 코드가 호출되면

```
var closureFn = fn(5);
```

   fn은 인자 5를 받고 호출된다. fn 정의가 이뤄지면 innerFn을 반환한다.

2. 여기서 흥미로운 부분이 발생된다. innerFn이 반환되면 자바스크립트 실행
   엔진은 innerFn을 클로저로 보며, 그에 따라 스코프를 지정한다. 앞 절에서
   살펴봤듯이 클로저는 세 개의 스코프 레벨에 접근할 수 있다. innerFn이 반환
   되면 이러한 모든 세 스코프 단계가 지정된다(arg, outer 값은 innerFn의 스코프
   단계에서 지정된다). 반환된 함수 참조는 closureFn 내에 저장된다. 따라서
   closureFn이 스코프 사슬을 통해 호출되면 arg, outer 값을 가질 것이다.

3. 마지막으로 closureFn이 호출되면

```
closureFn()
```

   다음과 같이 출력된다.

```
Visible
```

예측했다시피 closureFn이 두 번째 단계에서 생성되면 문맥(스코프; outer와 arg)을 기억한다. 따라서 console.log를 호출해 적절히 출력한다.

클로저의 사용자 케이스는 어떤 것일까? 이미 sortBy 함수를 실행해봤다. 빠르게 다시 살펴보자.

sortBy 함수 다시 살펴보기

3장에서 정의하고 사용한 sortBy 함수를 상기해보자.

```
const sortBy = (property) => {
    return (a,b) => {
        var result = (a[property] < b[property]) ? -1 :
                (a[property] > b[property]) ? 1 : 0;
        return result;
    }
}
```

다음과 같이 sortBy 함수를 호출하면

```
sortBy("firstname")
```

sortBy는 다음과 같이 두 인자를 취하는 새 함수를 반환한다.

```
(a,b) => { /* implementation */ }
```

이제 클로저에 익숙해졌고, 반환된 함수가 sortBy 함수 인자인 property에 접근할 수 있음을 알 것이다. sortBy가 호출될 때에만 이 함수가 반환되므로 property 인자는 값과 연결된다. 따라서 반환된 함수는 property 인자를 유지하는 동안 내용을 전달한다.

```
// 클로저를 통해 전달되는 범위
property = "passedValue"
(a,b) => { /* implementation */ }
```

이제 반환된 함수가 문맥상 property의 값을 전달하므로, 적절한 곳과 필요할 때 반환된 함수를 사용한다. 이 설명을 바탕으로 내부에 자세히 추상화할 sortBy와 같은 함수를 작성할 수 있는 클로저와 고차 함수를 완전히 이해할 수 있을 것이다. 이제 함수형 세상으로 나아가자.

이 절에서 많은 내용을 다뤘다. 다음 절에서는 클로저와 고차 함수를 사용하는 좀 더 추상적인 함수 작성을 계속해보자.

실제 세계에서의 고차 함수

여기서 클로저를 이해하면 실제로 사용되는 유용한 고차 함수를 구현할 수 있다.

tap 함수

프로그래밍에서 수많은 함수를 다루기 때문에 함수 사이에 어떤 일이 발생하는지 디버깅할 줄 알아야 한다. 3장에서 봤다시피 함수를 디자인하고 인자를 가져오고 다른 함수로 반환해 다시 여러 인자로 취하게 된다.

tap이라는 간단한 함수를 디자인해보자.

```
const tap = (value) =>
    (fn) => (
        typeof(fn) === 'function' && fn(value),
            console.log(value)
    )
```

여기서 **tap** 함수는 **value**를 닫고 **value**상 클로저를 갖는 함수를 반환하며 실행된다.

참고

자바스크립트에서 (exp1, exp2)는 두 인자를 실행해 두 번째 표현식인 exp2를 반환함을 의미한다. 다음 예제에서 해당 문법은 **fn** 함수를 호출해 콘솔에 **value**도 출력한다.

---

tap 함수를 실행해보자.

```
tap("fun")((it) => console.log("value is ",it))
=>value is fun
=>fun
```

위 코드를 보면 **value is fun** 값이 출력되고 **fun**이 출력된다. 이는 간단하고 직관적이다.

그렇다면 어디서 **tap** 함수를 사용할 수 있을까? 서버에서 가져온 데이터 배열을 반복한다고 해보자. 데이터가 잘못됐다고 느끼면 디버그를 해서 반복할 때 배열에 어떤 것이 속해있는지 보고 싶을 것이다. 어떻게 할까? 여기서 **tap** 함수를 사용할 수 있다. 다음 시나리오를 살펴보자.

```
forEach([1,2,3], (a) =>
    tap(a)(() =>
        {
```

```
        console.log(a)
    }
  )
)
```

보다시피 간단하지만 툴킷에서 유용한 함수로, 원하는 값이 출력된다.

unary 함수

array 프로토타입에는 map이라는 기본 메서드가 있다. 걱정하지 말자. 5장에서 배열에 관한 다양한 함수를 살펴보면서 map을 어떻게 생성하는지 알아본다. 이제 map은 이미 정의한 forEach 함수로 유사한 함수다. 유일한 차이점은 map이 콜백 함수의 결과를 반환한다는 것이다.

요지를 파악하고자 배열 요소를 제곱하며 결과를 얻어 보자. 이는 map 함수를 사용해 처리할 수 있다.

```
[1, 2, 3].map((a) => { return a * a })
=>[1, 4, 9]
```

여기서 흥미로운 부분은 map이 세 개의 인자 element, index, arr로 호출된다는 것이다. 문자열 배열을 int 배열로 파싱할 때 pares와 radixes라는 두 인자를 받고 전달된 parse를 숫자로 변환하는 parseInt라는 내장 함수를 사용할 수 있다. 이때 parseInt를 map 함수로 전달하면 map 함수는 index 값을 parseInt의 radix 인자로 전달해 원하지 않은 결과를 도출할 수 있다.

```
['1', '2', '3'].map(parseInt)
=>[1, NaN, NaN]
```

아차! 결과를 보면 배열 [1, NaN, NaN]은 원하지 않는 결과다. 여기서 하나의 인자만 필요하므로 다른 함수를 사용해 parseInt 함수를 변환할 필요가 있다. 어떻게 할까? unary 함수를 살펴보자. unary 함수는 *n*개 인자를 가진 함수를 받고 단일 인자로 변환한다.

unary 함수는 다음과 같다.

```
const unary = (fn) =>
    fn.length === 1
        ? fn
        : (arg) => fn(arg)
```

전달된 fn이 크기 1(length 속성을 통해 알 수 있다)의 인자 리스트인지 확인한다. 그렇다면 아무것도 할 필요가 없다. 그렇지 않다면 새로운 함수를 반환해서 하나의 인자인 arg만 받고 해당 인자의 함수를 호출한다.

unary 함수를 실제 사용해보고자 unary로 문제를 해결해보자.

```
['1', '2', '3'].map(unary(parseInt))
=>[1, 2, 3]
```

여기서 unary 함수는 새로운 함수(parseInt의 복제 함수)를 반환해서 하나의 인자만 취한다. 따라서 index, arr 인자를 전달하는 map 함수는 자연스럽게 다시 원하는 결과를 얻게 된다.

참고

원하는 인자를 취하도록 변환하는 함수에는 binary 등과 같은 함수도 있다.

다음으로 살펴볼 두 함수는 함수가 몇 번 호출되는지 개발자가 제어하는 데 필요한 특별한 고차 함수다. 실제로 많은 상황에서 사용된다.

once 함수

주어진 함수를 한 번만 실행해야 하는 경우가 종종 있다. 이러한 상황은 자바스크립트 개발자가 일상에서 서드파티 라이브러리를 한 번만 구성해 결제 구성을 한 번만 초기화하며, 은행 결제 요청을 한 번만 처리하는 작업 등에서 발생한다. 그 외에도 개발자가 마주하는 여러 경우가 있다.

이 절에서는 once라는 고차 함수를 작성해보며, 개발자가 주어진 함수를 한 번만 실행하게 한다. 여기서 다시 한 번 함수형 툴킷으로 일반적인 활동을 추상화한다는 것을 강조한다.

```
const once = (fn) => {
    let done = false;

    return function () {
        return done ? undefined : ((done = true), fn.apply(this,
            arguments))
    }
}
```

위 once 함수는 fn 인자를 받고 apply 메서드(이 메서드는 이후에 다룬다)로 호출해서 해당 결과를 반환한다. 여기서 중요한 부분은 done이라는 변수를 선언하고, 이를 false로 초기화한 것이다. 반환된 함수는 이에 대해 클로저 스코프가 있을 것이므로, done 변수가 true인지 확인하고자 이에 접근할 것이다. done이 true일 때는 undefined를 반환하고, false일 때는 done을 true로 지정(다음 실행을 하지 않게 함)한 후 필요한 인자로 함수를 호출한다.

once 함수를 다음과 같이 넣어 빠르게 확인할 수 있다.

```
var doPayment = once(() => {
    console.log("Payment is done")
})

doPayment()
=>Payment is done

// 아, 좋지 않다. 두 번째야!
doPayment()
=>undefined
```

위 코드는 once로 감싸진 doPayment 함수가 호출된 횟수에 상관없이 한 번만 실행됨을 보여준다. once 함수는 간단하지만 툴킷에서 효과적인 함수다.

memoize 함수

이 절을 마무리하기 전에 memoize 함수를 살펴보자. 순수 함수란 인자에 대해서만 처리하는 함수임을 안다. 외부 변수 등에 대해서는 어떤 것도 관련되지 않는다. 순수 함수의 결과는 순수하게 인자에만 결정된다. factorial이라는 순수 함수로 주어진 함수의 팩토리얼을 계산한다고 해보자. factorial 함수는 다음과 같다.

```
var factorial = (n) => {
    if (n === 0) {
```

```
        return 1;
    }

    // 재귀!!
    return n * factorial(n - 1);
}
```

숫자를 입력해 factorial 함수를 빠르게 확인할 수 있다.

```
factorial(2)
=>2
factorial(3)
=>6
```

어려울 게 없다. 이미 2 팩토리얼은 2이며, 3 팩토리얼은 6이라는 것을 아는데, 이는 factorial 함수가 인자에만 동작되기 때문이다. 여기서 물음이 생긴다. 각 변수의 결과를 다시 저장하거나 입력이 이미 객체 내에 존재한다면 다시 출력할 수 없을까? 3 팩토리얼을 계산하는 경우 2 팩토리얼을 계산해야 하는데, 여기서 이 계산 값을 다시 사용할 수 없을까? 이것이 바로 memoize 함수가 해야 할 부분이다. memoize 함수는 함수가 결과를 기억하고 저장하게 하는 특별한 고차 함수다.

이 함수를 자바스크립트로 어떻게 구현하는지 살펴보자. 다음과 같이 간단하다.

```
const memoized = (fn) => {
    const lookupTable = {};

    return (arg) => lookupTable[arg] || (lookupTable[arg] =
        fn(arg));
}
```

여기서 반환된 함수에 대해 클로저 문맥이 될 loockupTable 지역 변수가 있다. 이 변수는 인자를 받고 해당 인자가 lookupTable 내에 있는지 확인한다.

```
.. lookupTable[arg] ..
```

lookupTable 내에 해당 인자가 있다면 값을 반환하며, 그렇지 않다면 새로운 입력 객체를 키로 fn의 결과를 해당 값으로 갱신한다.

```
(lookupTable[arg] = fn(arg))
```

완벽하다. 이제 factorial 함수를 memoize 함수로 감싸 출력을 저장할 수 있다.

```
let fastFactorial = memoized((n) => {
    if (n === 0) {
        return 1;
    }

    // 재귀!!
    return n * fastFactorial(n - 1);
})
```

이제 fastFactorial을 호출해보자.

```
fastFactorial(5)
=>120
=>lookupTable will be like: Object {0: 1, 1: 1, 2: 2, 3: 6,
4: 24, 5: 120}
fastFactorial(3)
=>6 // lookupTable에서 반환된다.
fastFactorial(7)
=> 5040
```

```
=>lookupTable will be like: Object {0: 1, 1: 1, 2: 2, 3: 6,
4: 24, 5: 120, 6: 720, 7: 5040}
```

동일한 방식으로 실행할 수 있지만, 이전보다 더 빨라졌다. `fastFactorial`을 실행하면 `lookupTable` 객체를 살펴보며, 위 코드에서 어떻게 속도를 빠르게 하는지 분석해보자. 이것이 클로저와 순수 함수가 실제 사용되는 고차 함수의 이점이다.

참고

memoized 함수는 하나의 인자만 취한 함수로 작성된다. n개의 인자로 구성된 모든 함수로도 구성이 가능할까?

일반적인 문제를 간결하고 쉽게 해결할 수 있게 만드는 고차 함수로 추상화해봤다.

assign 함수

자바스크립트 객체는 유동적이어서 객체의 상태가 생성된 후 변경될 수 있다. 새로운 객체를 구성하고자 여러 객체를 합치는 경우가 발생할 수 있다. 다음 객체를 생각해보자.

```
var a = { name: "srikanth" };
var b = { age: 30 };
var c = { sex: 'M' }
```

위 세 객체를 합쳐 새로운 하나의 객체로 만들려면 어떻게 할까? 나아가 관련 함수를 작성해보자.

```
function objectAssign(target, source) {
    var to = {};
```

```
    for (var i = 0; i < arguments.length; i += 1) {
        var from = arguments[i];
        var keys = Object.keys(from);
        for (var j = 0; j < keys.length; j += 1) {
            to[keys[j]] = from[keys[j]];
        }
    }
    return to;
}
```

arguments는 모든 자바스크립트 함수에 사용 가능한 특수한 변수다. 자바스크립트 함수는 인자의 모든 수를 함수에 전달하는데, 이는 두 개의 인자로 선언된 함수는 두 개 이상의 인자를 전달할 수 있다는 것을 의미한다. **Object.keys**는 모든 객체의 이름 속성을 주는 내장 메서드인데, 여기서는 이름, 나이, 성별이다. 다음 경우는 어떻게 함수성이 하나의 객체로 여러 개의 자바스크립트 객체가 합쳐져 추상화됐는지 보여준다.

```
var customObjectAssign = objectAssign(a, b, c);
// { name: 'srikanth', age: 30, sex: 'M' } 출력
```

하지만 ES6 기준에 따른다면 새로운 함수를 만들 필요가 없다. 다음 함수 또한 동일하다.

```
// ES6 Object.Assign
var nativeObjectAssign = Object.assign(a, b, c);
// { name: 'srikanth', age: 30, sex: 'M' } 출력
```

Object.assign을 사용해 객체 a, b, c를 합치면 객체 a는 변경됨을 주의하자. 이는 직접 구현한 부분에서는 발생하지 않는다. 이는 객체 a가 합쳐질 타깃 객체로 간주되기 때문이다. 객체는 유동적이므로 객체 a는 그에 따라 갱신된다. 위와 같이 하려면

다음과 같이 작성하자.

```
var nativeObjectAssign = Object.assign({}, a, b, c);
```

객체 a는 앞에서의 사용과 동일하며, 이는 모든 객체가 빈 객체로 합쳐지기 때문이다.

ES6에 새로 추가된 `Object.entries`도 보여주겠다. 다음과 같이 객체가 있다고 해 보자.

```
var book = {
    "id": 111,
    "title": "C# 6.0",
    "author": "ANDREW TROELSEN",
    "rating": [4.7],
    "reviews": [{good : 4 , excellent : 12}] };
```

`title`이라는 속성에만 관심이 있을 때 다음 함수를 통해 해당 속성을 문자열 배열로 변환할 수 있다.

```
console.log(Object.entries(book)[1]);
// ["title", "C# 6.0"] 배열 출력
```

ES6로 업그레이드하지 않았는데, 위와 같이 처리하려면 어떻게 할까? 한 가지 방법은 이전에 한 것처럼 동일한 작업을 하는 함수 메서드를 구현하는 것이다. 도전할 생각에 흥미로운가? 그렇다면 독자에게 맡기겠다.

이제 다양한 일반적인 문제를 고차 함수로 추상화해 우아한 해결책을 쉽게 작성할 수 있게 됐다.

요약

4장에서는 함수가 무엇을 볼 수 있는지부터 시작했다. 작은 예제 구성부터 시작해 함수가 생성된 문맥을 클로저가 어떻게 기억하는지 살펴봤다. 여기서 배운 내용으로 자바스크립트 프로그래머가 일반적으로 사용하는 고차 함수 몇 개를 구현했다. 4장 전반에 걸쳐 일반적인 문제를 특정 함수로 추상화하고 이를 재사용하는 방법을 알아 봤다. 이제 클로저와 고차 함수, 추상화, 순수 함수의 중요성을 이해했다. 5장에서는 계속해 배열과 관련된 고차 함수를 구현해본다.

배열로 함수형 다루기

배열과 객체를 다루는 5장에 온 것을 환영한다. 5장에서는 배열에 유용한 고차 함수를 계속 알아본다. 배열은 자바스크립트 프로그래밍 세계 전반에 걸쳐 사용된다. 배열은 데이터를 저장하고, 다루고, 검색하고, 다른 포맷으로 변환할 때 사용된다. 5장에서는 지금까지 배운 함수형 프로그래밍 기술을 사용해 이러한 작업을 어떻게 하는지 살펴본다.

배열로 몇 개의 함수를 생성해보며, 명령어 형태보다는 함수형으로 일반적인 문제를 풀어본다. 5장에서 생성하는 함수는 배열이나 객체 프로토타입에서 이미 정의됐을 수도 있고, 그렇지 않을 수도 있다. 이는 실제 함수 자체가 어떻게 동작하는지 이해하기 위함이지 오버라이딩하는 것은 아니니 명심하자.

참고

5장의 예제와 라이브러리 소스코드는 chap05 브랜치에 있다. 저장소 URL은 https://github.com/antoaravinth/functional-es8.git이다.

코드를 확인하려면 chap05 브랜치를 확인해보자.

```
...
git checkout -b chap05 origin/chap05
...
```

코드를 실행한 후 다음 명령어를 실행한다.

```
...
npm run playground
...
```

배열로 함수형 다루기

이 절에서는 유용한 함수 몇 개를 생성해보고, Array로 일반적인 문제를 함수로 해결해본다.

참고

이 절에서 사용되는 모든 함수를 **프로젝팅 함수**(projecting functions)라 한다. 배열에 함수를 적용하고 새로운 배열과 값 세트를 생성하는 것을 프로젝션이라 한다. 이러한 단어는 첫 번째 프로젝팅 함수인 map을 볼 때 이해될 것이다.

---

map 함수

앞서 forEach를 사용해 Array 객체를 어떻게 반복하는지 살펴봤다. forEach는 주어진 배열을 순회하는 고차 함수며, 현재 인덱스가 함수 인자로 전달돼 호출한다.

forEach는 반복의 일반적인 문제를 숨기고 있지만, forEach를 모든 경우에 사용할 수 없다.

배열의 모든 요소를 제곱해 새로운 배열로 결과를 가져온다고 해보자. forEach를 통해 어떻게 구현할 수 있을까? forEach는 데이터를 반환할 수 없지만 전달된 함수를 실행할 수는 있다. 여기가 바로 첫 번째 프로젝션 함수인 map이 필요한 부분이다.

forEach를 어떻게 구현하는지 이미 살펴본 것만큼 map 함수를 구현하는 것은 쉽고 직관적인 작업이다. forEach를 구현하는 것은 리스트 5-1과 같다.

리스트 5-1. forEach 함수 정의

```
const forEach = (array,fn) => {
    for(const value of arr)
        fn(value)
}
```

map 함수 구현은 리스트 5-2와 같다.

리스트 5-2. map 함수 정의

```
const map = (array,fn) => {
    let results = []
    for(const value of array)
        results.push(fn(value))
    return results;
}
```

map 함수 구현은 forEach와 매우 유사하다. 새로운 배열 results를 만드는 것만 다를 뿐이다.

```
. . .
    let results = []
. . .
```

그리고 함수에서 results를 반환한다. 이제 프로젝팅 함수라는 단어를 이야기해보자. map 함수가 프로젝팅 함수라고 했다. 왜 map 함수를 그렇게 부를까? 그 이유는 꽤 간단하고 직관적이다. map 함수는 주어진 함수의 **변형된** 값을 반환하므로 프로젝팅 함수라고 부른다. map 함수를 변형 함수라 부르는 사람도 있지만, 여기서는 **프로젝션**이라는 단어를 고수하겠다.

이제 리스트 5-2에서 정의한 map 함수를 사용해 배열의 요소를 제곱하는 문제를 해결해보자.

```
map([1,2,3], (x) => x * x)
=>[1,4,9]
```

코드를 참고하면 간단한 형태로 작업할 수 있다. Array형에 알맞은 함수를 생성해 모든 함수를 arrayUtils라는 const로 감싸서 arrayUtils로 출력할 수 있다. 일반적으로 리스트 5-3과 같다.

리스트 5-3. 함수를 arrayUtils 객체로 감싸기

```
// 리스트 5-2의 map 함수
const map = (array,fn) => {
    let results = []
    for(const value of array)
        results.push(fn(value))

    return results;
}

const arrayUtils = {
```

```
    map : map
}

export {arrayUtils}

// 다른 파일
import arrayUtils from 'lib'
arrayUtils.map // map 사용

// 또는

const map = arrayUtils.map
// 따라서 map으로 호출할 수 있다.
```

참고

좀 더 명확하게 하고자 여기서 arrayUtils.map보다 map을 호출한다.

완벽하다. 5장의 예제를 좀 더 현실적으로 하고자 리스트 5-4처럼 객체의 배열을 구성해본다.

리스트 5-4. 도서 정보를 나타낸 apressBooks 객체

```
let apressBooks = [
    {
        "id": 111,
        "title": "C# 6.0",
        "author": "ANDREW TROELSEN",
        "rating": [4.7],
        "reviews": [{good : 4 , excellent : 12}]
    },
    {
        "id": 222,
        "title": "Efficient Learning Machines",
        "author": "Rahul Khanna",
```

```
        "rating": [4.5],
        "reviews": []
    },
    {
        "id": 333,
        "title": "Pro AngularJS",
        "author": "Adam Freeman",
        "rating": [4.0],
        "reviews": []
    },
    {
        "id": 444,
        "title": "Pro ASP.NET",
        "author": "Adam Freeman",
        "rating": [4.2],
        "reviews": [{good : 14 , excellent : 12}]
    }
];
```

참고

이 배열은 Apress에서 출판된 실제 책이지만 리뷰의 키와 값은 임의다.

5장에서 구현할 모든 함수는 주어진 객체의 배열로 실행된다. title과 author로만 이뤄진 배열 객체가 필요하다고 해보자. map 함수를 사용해 어떻게 동일한 작업을 할까? 방법을 생각해볼 수 있는가?

map을 이용하면 방법은 다음과 같이 간단하다.

```
map(apressBooks,(book) => {
    return {title: book.title,author:book.author}
})
```

이 코드는 원하는 결과를 반환한다. 반환된 배열 내의 객체는 두 개의 속성만 가진다. 하나는 **title**이며, 나머지는 **author**로 함수에서 명시됐다.

```
[ { title: 'C# 6.0', author: 'ANDREW TROELSEN' },
  { title: 'Efficient Learning Machines', author: 'Rahul Khanna' },
  { title: 'Pro AngularJS', author: 'Adam Freeman' },
  { title: 'Pro ASP.NET', author: 'Adam Freeman' } ]
```

항상 이렇게 배열의 모든 요소를 새로운 배열로 변환할 수는 없다. 그보다 배열의 요소를 걸러 변형 작업을 할 수 있다. 다음으로 **filter**라는 함수를 살펴보자.

filter 함수

도서 목록에서 평점^{rating}이 4.5 이상인 도서만 뽑는다고 해보자. 어떻게 이를 구현할 수 있을까? **map**으로는 분명 문제를 해결할 수 없지만, 결과를 최종 배열로 넣기 전에 상태만 확인하는 **map**과 유사한 기능이 필요하다.

먼저 리스트 5-2의 **map** 함수를 다른 측면에서 살펴보자.

```
const map = (array,fn) => {
    let results = []
    for(const value of array)
        results.push(fn(value))

    return results;
}
```

여기서 조건을 확인하거나 다음 코드 전에 살펴본다.

```
. . .
    results.push(fn(value))
. . .
```

리스트 5-5처럼 filter라는 분리된 함수에 넣는다.

리스트 5-5. filter 함수 정의

```
const filter = (array,fn) => {
    let results = []
    for(const value of array)
        (fn(value)) ? results.push(value) : undefined

    return results;
}
```

filter 함수에서 다음과 같은 방법으로 직접 문제를 해결한다.

```
filter(apressBooks, (book) => book.rating[0] > 4.5)
```

다음과 같은 결과를 반환한다.

```
[ { id: 111,
    title: 'C# 6.0',
    author: 'ANDREW TROELSEN',
    rating: [ 4.7 ],
    reviews: [ [Object] ] } ]
```

고차 함수를 이용해 배열을 처리하는 방법은 끊임없이 발전하고 있다. 배열의 더 많은 함수를 살펴보기 전에 복잡한 상황에서 원하는 결과를 얻고자 프로젝션 함수(map, filter)를 연결하는 방법을 살펴보자.

연산 연결

목적을 구현하고자 여러 함수를 연결^{chain}할 필요가 있다. 예를 들어 apressBooks 배열 중 리뷰 값이 4.5 이상인 항목 중에서 title과 author 객체를 뽑아낸다고 해보자. 이 문제를 해결하는 첫 번째 단계는 map과 filter를 활용해 푸는 것이다. 이 경우 코드는 다음과 같다.

```
let goodRatingBooks =
    filter(apressBooks, (book) => book.rating[0] > 4.5)

map(goodRatingBooks,(book) => {
    return {title: book.title,author:book.author}
})
```

다음과 같은 결과가 반환된다.

```
[ {
        title: 'C# 6.0',
        author: 'ANDREW TROELSEN'
    }
]
```

여기서 중요한 부분은 map과 filter 모두 프로젝션 함수이므로 항상 array에서 변형 (전달된 고차 함수를 통해)이 적용된 후 데이터를 반환한다는 점이다. 따라서 filter와 map(순서가 중요하다)을 엮어 추가적인 변수(예, goodRatingBooks)가 필요 없게 한다.

```
map(filter(apressBooks, (book) => book.rating[0] > 4.5),(book)
=> {
    return {title: book.title,author:book.author}
})
```

이 코드는 문맥적으로 "평점이 4.5인 필터링된 배열을 매핑하고 객체에서 title과 author 키를 반환한다"는 의미다. map과 filter 모두의 특성 때문에 배열 자체의 사항을 추상화하고, 가까이에 있는 문제에 집중해야 한다.

다음 절에서 연결 방법의 예제를 살펴본다.

참고

함수 구성을 바탕으로 동일한 목적을 얻고자 다른 방법을 이후에 살펴본다.

---

concatAll 함수

이제 apressBooks 배열을 약간 수정해서 리스트 5-6처럼 데이터 구조를 갖게 한다.

리스트 5-6. 도서 정보가 갱신된 apressBooks 객체

```
let apressBooks = [
    {
        name : "beginners",
        bookDetails : [
            {
                "id": 111,
                "title": "C# 6.0",
                "author": "ANDREW TROELSEN",
                "rating": [4.7],
                "reviews": [{good : 4 ,
                excellent : 12}]
            },
            {
                "id": 222,
                "title": "Efficient Learning
                Machines",
                "author": "Rahul Khanna",
```

```
                "rating": [4.5],
                "reviews": []
            }
        ]
    },
    {
        name : "pro",
        bookDetails : [
            {
                "id": 333,
                "title": "Pro AngularJS",
                "author": "Adam Freeman",
                "rating": [4.0],
                "reviews": []
            },
            {
                "id": 444,
                "title": "Pro ASP.NET",
                "author": "Adam Freeman",
                "rating": [4.2],
                "reviews": [{good : 14 ,
                excellent : 12}]
            }
        ]
    }
];
```

앞 절에서 살펴본 동일한 문제를 알아보자. 4.5 이상의 평점에 해당하는 도서에서 **title** 과 **author**를 가져온다. 문제를 해결하려면 먼저 데이터를 매핑한다.

```
map(apressBooks,(book) => {
    return book.bookDetails
})
```

다음 값을 반환한다.

```
[ [ { id: 111,
    title: 'C# 6.0',
    author: 'ANDREW TROELSEN',
    rating: [Object],
    reviews: [Object] },
  { id: 222,
    title: 'Efficient Learning Machines',
    author: 'Rahul Khanna',
    rating: [Object],
    reviews: [] } ],
  [ { id: 333,
    title: 'Pro AngularJS',
    author: 'Adam Freeman',
    rating: [Object],
    reviews: [] },
  { id: 444,
    title: 'Pro ASP.NET',
    author: 'Adam Freeman',
    rating: [Object],
    reviews: [Object] } ] ]
```

보다시피 **bookDetails** 자체가 배열이므로, **map** 함수에서 반환된 데이터는 Array 내부에 Array를 담고 있다. 이제 이러한 데이터를 **filter**에 전달하면 **filter**가 중첩 배열에서 동작하지 않는 문제가 발생한다.

여기서 **concatAll** 함수가 필요하다. **concatAll**의 역할은 간단하다. 모든 중첩 배열을 단일 배열로 연쇄^{concatenate}시킬 필요가 있다. **concatAll**을 **flatten** 메서드로도 호출할 수 있다. **concatAll**의 구현은 리스트 5-7과 같다.

리스트 5-7. concatAll 함수 정의

```
const concatAll = (array,fn) => {
    let results = []
    for(const value of array)
        results.push.apply(results, value);

    return results;
}
```

results 배열로 반복할 때 내부 배열로 넣을 수 있다.

참고

푸시 문맥으로 results 자체를 지정하는 자바스크립트 함수의 apply 메서드를 사용했으며, 반복
(값)의 현재 변수를 인자로 전달한다.

---

concatAll의 주목적은 중첩 배열을 단일 배열로 푸는 것이다. 다음 코드는 이러한
개념을 사용한다.

```
concatAll(
    map(apressBooks,(book) => {
        return book.bookDetails
    })
)
```

다음과 같은 결과가 반환된다.

```
[ { id: 111,
    title: 'C# 6.0',
    author: 'ANDREW TROELSEN',
    rating: [ 4.7 ],
    reviews: [ [Object] ] },
```

```
{ id: 222,
  title: 'Efficient Learning Machines',
  author: 'Rahul Khanna',
  rating: [ 4.5 ],
  reviews: [] },
  { id: 333,
  title: 'Pro AngularJS',
  author: 'Adam Freeman',
  rating: [ 4 ],
  reviews: [] },
{ id: 444,
  title: 'Pro ASP.NET',
  author: 'Adam Freeman',
  rating: [ 4.2 ],
  reviews: [ [Object] ] } ]
```

이제 다음과 같은 조건의 filter를 쉽게 실행할 수 있다.

```
let goodRatingCriteria = (book) => book.rating[0] > 4.5;
filter(
    concatAll(
        map(apressBooks,(book) => {
            return book.bookDetails
        })
    )
,goodRatingCriteria)
```

원하는 값이 반환된다.

```
[ { id: 111,
    title: 'C# 6.0',
    author: 'ANDREW TROELSEN',
    rating: [ 4.7 ],
```

```
reviews: [ [Object] ] } ]
```

지금까지 배열 세계에서 간단한 방법으로 많은 문제를 해결하고자 고차 함수를 어떻게 디자인하는지 살펴봤다. 지금까지 잘했다. 다음 절에서는 배열의 관점에서 더 많은 함수를 살펴보자.

함수 축소

함수형 프로그래밍에서 이야기할 때 reduce 함수라는 단어를 들어봤을 것이다. 이는 무엇일까? 왜 유용할까? reduce는 자바스크립트에서 클로저의 역할을 보여주고자 디자인된 함수다. 이 절에서는 배열 축소의 필요성을 알아본다.

reduce 함수

reduce 함수의 예제를 살펴보고 어디서 사용되는지 알아보고자 주어진 배열의 합산 과정에서 문제를 찾아보자. 시작하기 전에 다음과 같은 배열이 있다고 해보자.

```
let useless = [2,5,6,1,10]
```

주어진 배열의 합을 찾고자 하는데, 어떻게 구현할까? 간단하게 다음과 같이 해결할 수 있다.

```
let result = 0;
forEach(useless,(value) => {
    result = result + value;
})
```

```
console.log(result)
=> 24
```

이 문제에서 (몇 개의 데이터가 있는) 배열을 단일 값으로 축소했다. 간단한 누산기 accumulator로 시작했으며, 이 경우 배열 자체를 순회하는 동안 합산 결과를 저장하는 result로 호출한다. 합산의 경우 result를 기본적으로 0으로 지정한다. 주어진 배열의 모든 요소를 곱하려면 어떻게 할까? 이 경우 result 값을 1로 지정한다. 단일 요소로 하고자 누산기를 지정하고 배열(누산기의 이전 값을 저장한다)을 순회하는 모든 과정을 배열 축소라고 한다.

배열을 축소하는 연산에 이 과정을 반복해야 하기 때문에 이를 함수로 추상화할 수 없을까? 할 수 있다. 여기서 reduce 함수가 필요해진다. reduce 함수는 리스트 5-8과 같이 구현한다.

리스트 5-8. reduce 함수 첫 번째 구현

```
const reduce = (array,fn) => {
    let accumlator = 0;
    for(const value of array)
        accumlator = fn(accumlator,value)

    return [accumlator]
}
```

여기서 reduce 함수를 사용해 다음과 같이 합산 문제를 해결할 수 있다.

```
reduce(useless,(acc,val) => acc + val)
=>[24]
```

훌륭하지만, 주어진 배열의 곱셈 형태를 찾고 싶으면 어떻게 할까? reduce 함수에서는 기본적으로 accumulator 값을 0으로 사용하기 때문에 잘못될 수 있다. 따라서 곱셈

결과 또한 0이다.

```
reduce(useless,(acc,val) => acc * val)
=>[0]
```

리스트 5-8의 reduce 함수를 다시 작성해 누산기의 초깃값을 인자로 지정할 수 있다.
리스트 5-9를 살펴보자.

리스트 5-9. reduce 함수 최종 구현

```
const reduce = (array,fn,initialValue) => {
    let accumlator;

    if(initialValue != undefined)
        accumlator = initialValue;
    else
        accumlator = array[0];

    if(initialValue === undefined)
        for(let i=1;i<array.length;i++)
            accumlator = fn(accumlator,array[i])
    else
        for(const value of array)
            accumlator = fn(accumlator,value)
    return [accumlator]
}
```

reduce 함수를 수정했으므로, 이제 initialValue가 전달되지 않으면 reduce 함수는
배열의 첫 번째 값을 누산기 초깃값으로 지정된다.

참고

두 개의 for 반복문을 살펴봤다. initialValue가 정의되지 않으면 누산기의 첫 번째 값이 초깃
값으로 사용되므로, 두 번째 요소부터 배열 반복을 시작해야 한다. initialValue가 호출자에

의해 전달된다면 전체 배열을 반복해야 한다.

이제 reduce 함수를 사용해 곱셈 문제를 해결해보자.

```
reduce(useless,(acc,val) => acc * val,1)
=>[600]
```

다음으로 apressBook 예제에서 reduce를 사용해보자. 리스트 5-6에서 갱신된 apressBooks를 간단히 살펴보고자 다음과 같이 해보자.

```
let apressBooks = [
    {
        name : "beginners",
        bookDetails : [
            {
                "id": 111,
                "title": "C# 6.0",
                "author": "ANDREW TROELSEN",
                "rating": [4.7],
                "reviews": [{good : 4 ,
                excellent : 12}]
            },
            {
                "id": 222,
                "title": "Efficient Learning Machines",
                "author": "Rahul Khanna",
                "rating": [4.5],
                "reviews": []
            }
        ]
    },
    {
        name : "pro",
```

```
    bookDetails : [
        {
            "id": 333,
            "title": "Pro AngularJS",
            "author": "Adam Freeman",
            "rating": [4.0],
            "reviews": []
        },
        {
            "id": 444,
            "title": "Pro ASP.NET",
            "author": "Adam Freeman",
            "rating": [4.2],
            "reviews": [{good : 14 ,
            excellent : 12}]
        }
    ]
  }
];
```

상사가 apressBooks에서 좋은 리뷰와 우수(good)의 개수를 찾는 로직을 만들라고 지시했다고 가정해보자. reduce 함수를 활용해 쉽게 해결할 수 있는 완벽한 문제라 생각할 것이다. apressBooks는 배열 내부에 배열을 갖고 있어(앞 절에서 살펴봤다) 평탄화 배열을 만들고자 concatAll이 필요하다. reviews는 bookDetails의 한 부분이므로, 키 이름을 정할 수 없어 다음과 같이 bookDetails를 매핑한 concatAll을 사용해야 한다.

```
concatAll(
    map(apressBooks,(book) => {
        return book.bookDetails
    })
)
```

이제 reduce를 사용해 문제를 해결한다.

```
let bookDetails = concatAll(
    map(apressBooks,(book) => {
        return book.bookDetails
    })
)

reduce(bookDetails,(acc,bookDetail) => {
    let goodReviews = bookDetail.reviews[0] != undefined ?
        bookDetail.reviews[0].good : 0
    let excellentReviews = bookDetail.reviews[0] !=
        undefined ? bookDetail.reviews[0].excellent : 0
    return {good: acc.good + goodReviews,excellent :
        acc.excellent + excellentReviews}
},{good:0,excellent:0})
```

다음 결과가 반환될 것이다.

```
[ { good: 18, excellent: 24 } ]
```

이제 reduce 함수를 활용해 어떤 일이 발생했는지 알아보자. 중요한 부분은 누산기에서 initialValue로 전달된 것인데, 다음과 같다.

```
{good:0,excellent:0}
```

reduce 함수 내부에서 우수와 최고 리뷰 정보(bookDeatail 객체에서 가져온다)를 얻고, 각각 goodReviews와 excellentReviews 변수에 저장한다.

```
let goodReviews = bookDetail.reviews[0] != undefined ?
    bookDetail.reviews[0].good : 0
```

```
let excellentReviews = bookDetail.reviews[0] != undefined ?
    bookDetail.reviews[0].excellent : 0
```

여기서 reduce 함수 호출을 따라가 어떻게 작용하는지 이해해보자. 첫 번째 반복에서 goodReviews와 excellentReviews는 다음과 같다.

```
goodReviews = 4
excellentReviews = 12
```

그리고 누산기는 다음과 같다.

```
{good:0,excellent:0}
```

이처럼 첫 번째 줄을 전달했다. reduce 함수가 다음과 같이 실행하면

```
return {good: acc.good + goodReviews, excellent : acc.excellent + excellentReviews}
```

내부 누산기 값은 다음과 같이 변한다.

```
{good:4,excellent:12}
```

이제 배열의 첫 번째 반복이 완료됐다. 두 번째와 세 번째 반복에서 reviews는 없으므로 goodReviews와 excellentReviews 모두 0이지만, 누산기 값에는 영향을 주지 않으며 동일하게 유지된다.

```
{good:4,excellent:12}
```

네 번째와 마지막 반복에서 goodReviews와 excellentReviews는 다음과 같다.

```
goodReviews = 14
excellentReviews = 12
```

그리고 누산기 값은 다음과 같다.

```
{good:4,excellent:12}
```

이제 다음과 같이 실행하면

```
return {good: acc.good + goodReviews,excellent : acc.excellent + excellentReviews}
```

누산기 값은 다음과 같이 변한다.

```
{good:18,excellent:28}
```

배열의 모든 요소를 반복했으므로 최신의 누산기 값이 반환되며 결과로 나타난다.

보다시피 고차 함수로 내부 정보를 추상화하는 과정은 간결한 코드를 만든다. 5장을 마무리하기 전에 또 다른 유용한 함수인 zip 함수를 구현해본다.

함수 압축

삶이 항상 생각하는 만큼 쉽지만은 않다. apressBooks 정보에는 bookDetails 내의 reviews와 같이 쉽게 작업할 수 있는 것이 있다. 하지만 apressBooks와 같은 데이터가 서버에서 온다면 reviews와 같은 데이터는 리스트 5-10처럼 임베디드된 데이터보다는 분리된 배열로 반환해야 한다.

리스트 5-10. apressBooks 객체 분리하기

```
let apressBooks = [
    {
        name : "beginners",
        bookDetails : [
            {
                "id": 111,
                "title": "C# 6.0",
                "author": "ANDREW TROELSEN",
                "rating": [4.7]
            },
            {
                "id": 222,
                "title": "Efficient Learning Machines",
                "author": "Rahul Khanna",
                "rating": [4.5],
                "reviews": []
            }
        ]
    },
    {
        name : "pro",
        bookDetails : [
            {
                "id": 333,
                "title": "Pro AngularJS",
                "author": "Adam Freeman",
                "rating": [4.0],
                "reviews": []
            },
            {
                "id": 444,
                "title": "Pro ASP.NET",
```

```
            "author": "Adam Freeman",
            "rating": [4.2]
        }
    ]
}
];
```

리스트 5-11. reviewDetails 객체는 도서의 리뷰 정보를 갖고 있다.

```
let reviewDetails = [
    {
        "id": 111,
        "reviews": [{good : 4 , excellent : 12}]
    },
    {
        "id" : 222,
        "reviews" : []
    },
    {
        "id" : 333,
        "reviews" : []
    },
    {
        "id" : 444,
        "reviews": [{good : 14 , excellent : 12}]
    }
]
```

리스트 5-11에서 **reviews**에는 분리된 배열로 살이 붙여졌는데, 책의 **id**와 매칭된다. 데이터가 어떻게 다른 부분으로 분리되는지 보여주는 좋은 예제다. 분리된 데이터를 어떻게 정렬할까?

zip 함수

zip 함수의 역할은 주어진 두 배열을 합치는 것이다. 예제에서 **apressBooks**와 **reviewDetails**를 단일 배열로 병합해 필요한 모든 데이터를 단일 트리로 했다.

zip의 구현은 리스트 5-12와 같다.

리스트 5-12. zip 함수 정의

```
const zip = (leftArr,rightArr,fn) => {
    let index, results = [];

    for(index = 0;index < Math.min(leftArr.length,
    rightArr.length);index++)
        results.push(fn(leftArr[index],rightArr[index]));

    return results;
}
```

zip은 간단한 함수다. 주어진 두 배열을 단순히 반복한다. 두 배열의 정보를 여기서 다루기 때문에 **Math.min**을 사용해 주어진 두 배열의 최소 길이를 가져온다.

```
. . .
Math.min(leftArr.length, rightArr.length)
. . .
```

최소 길이를 가져온 후 현재 **leftArr** 값과 **rightArr** 값으로 고차 함수 **fn**에 전달해 호출한다.

배열의 두 요소를 추가한다고 해보자. 다음과 같이 **zip** 함수를 사용할 수 있다.

```
zip([1,2,3],[4,5,6],(x,y) => x+y)
=> [5,7,9]
```

앞 절에서 해결한 동일한 문제를 해결해보자. Apress 도서에 대해 **good**과 **excellent** 리뷰의 전체 개수를 찾아보자. 데이터는 각기 다른 두 구조로 나눠졌으므로, **zip**을 활용해 현재 문제를 해결해보자.

```
// bookDetails를 구하기 전과 같다.
let bookDetails = concatAll(
    map(apressBooks,(book) => {
        return book.bookDetails
    })
)

// 결과를 압축한다.
let mergedBookDetails = zip(bookDetails,reviewDetails,
(book,review) => {
    if(book.id === review.id)
    {
        let clone = Object.assign({},book)
        clone.ratings = review
        return clone
    }
})
```

zip 함수가 어떻게 구성이 됐는지 하나하나씩 알아보자. **zip** 함수의 결과는 이전에 **mergedBookDetails**에서의 자료 구조와 동일하다.

```
[ { id: 111,
    title: 'C# 6.0',
    author: 'ANDREW TROELSEN',
    rating: [ 4.7 ],
    ratings: { id: 111, reviews: [Object] } },
  { id: 222,
    title: 'Efficient Learning Machines',
    author: 'Rahul Khanna',
```

```
      rating: [ 4.5 ],
      reviews: [],
      ratings: { id: 222, reviews: [] } },
  { id: 333,
    title: 'Pro AngularJS',
    author: 'Adam Freeman',
    rating: [ 4 ],
    reviews: [],
    ratings: { id: 333, reviews: [] } },
  { id: 444,
    title: 'Pro ASP.NET',
    author: 'Adam Freeman',
    rating: [ 4.2 ],
    ratings: { id: 444, reviews: [Object] } } ]
```

이 결과가 도출되는 방법은 매우 간단하다. bookDetails 배열과 reviewsDetails 배열을 가져와 zip 연산을 처리한다. 두 id가 일치하는지 확인하고, 일치한다면 book에 대해 새로운 객체를 복제하고 clone으로 이를 호출한다.

```
 . . .
 let clone = Object.assign({},book)
 . . .
```

이제 clone은 book 객체의 내용을 복사한다. 하지만 주의할 부분 중 하나는 clone이 분리된 참조를 가리키고 있다는 점이다. clone을 추가하고 복제하는 것은 실제 book 참조 자체를 변경하지 않는다. 자바스크립트에서 객체는 참조로 사용되며, 따라서 book 객체를 zip 함수에서 기본적으로 변경하는 것은 bookDetails 자체 요소에 원치 않게 영향을 줄 수 있다.

clone을 가져오고, 이에 rating 키를 추가해 review 객체를 값으로 넣는다.

```
clone.ratings = review
```

마지막으로 이를 반환한다. 이제 이전에 문제를 해결했던 것과 같이 reduce 함수를 적용할 수 있다. zip은 작고 간단한 함수이지만 매우 유용하다.

요약

5장에서 많은 진전을 이뤘다. map, filter, concatAll, reduce, zip과 같은 유용한 함수를 작성해 배열 작업을 쉽게 만들었다. 이러한 함수를 프로젝션 함수라고 하는데, (고차 함수를 통해 전달된) 변형이 적용된 후 항상 배열을 반환하기 때문이다. 여기서 기억할 중요한 부분은 이들 모두 고차 함수이며, 일반적으로 항상 사용한다는 점이다. 이 함수들을 이해하는 것은 함수형이라는 단어를 생각하는 데 좀 더 도움을 줄 것이지만, 아직 함수형 세계는 끝나지 않았다.

5장에서 유용한 함수를 많이 만들어봤는데, 6장에서는 커링^{currying}과 부분 적용의 개념을 알아본다. 이 개념은 그리 어렵지 않다. 간단한 개념으로 실제 함수로 적용될 때 유용하다.

커링과 부분 적용

6장에서는 커링^{currying}의 의미를 살펴본다. 커링이 어떤 의미이며 어디서 사용되는지 이해한 후 부분 적용^{partial application}이라는 또 다른 함수형 프로그래밍 개념을 살펴본다. 커링과 부분 적용 모두 함수 합성을 사용할 때 이해해야 한다. 5장에서 다뤘듯이 예제를 살펴보며 커링과 부분 적용이 함수형 프로그래밍에 어떻게 적용되는지 알아본다.

참고

6장의 예제와 라이브러리 소스코드는 chap06 브랜치에 있다. 저장소 URL은 https://github.com/antoaravinth/functional-es8.git이다.

코드를 확인한 후 chap06 브랜치를 확인해보자.

```
...
git checkout -b chap06 origin/chap06
...
```

코드를 실행한 후 다음 명령어를 실행한다.

```
...
npm run playground
...
```

용어 정리

커링과 부분 적용의 의미를 설명하기 전에 6장에서 살펴볼 용어를 이해해보자.

단항 함수

함수 인자를 하나만 취하는 함수를 단항 함수^{unary function}라 한다. 예를 들어 리스트 6-1의 identity 함수는 단항 함수다.

리스트 6-1. 단항 함수 identity

```
const identity = (x) => x;
```

이 함수는 하나의 인자인 x만 취하므로 단항 함수라고 부른다.

이항 함수

두 개의 인자를 취하는 함수를 이항 함수^{binary function}라 한다. 예를 들어 리스트 6-2에서 add 함수는 이항 함수다.

리스트 6-2. 이항 함수 add

```
const add = (x,y) => x + y;
```

add 함수는 두 개의 인자 x, y를 취하므로 이항 함수라 부를 수 있다.

예상했다시피 세 개 이상의 인자를 취하는 삼항 함수[ternary functions]도 있다. 자바스크립트에서는 가변 인자[variadic] 함수라는 여러 개의 인자를 취할 수 있는 특수한 형태의 함수가 있다.

가변 인자 함수

가변 인자 함수란 다양한 개수의 인자를 취하는 함수다. 이전의 자바스크립트 버전에서는 arguments를 사용해 인자의 가변 개수를 알 수 있었다.

리스트 6-3. 가변 인자 함수

```
function variadic(a){
    console.log(a);
    console.log(arguments)
}
```

variadic 함수를 다음과 같이 호출할 수 있다.

```
variadic(1,2,3)
=> 1
=> [1,2,3]
```

참고

출력을 참고하면 arguments는 함수에 전달된 모든 인자를 알아차린다.

리스트 6-3을 참고하면 **arguments**를 사용해 추가적인 인자를 알아서 함수로 호출할 수 있다. 이 기술을 사용해 ES5 버전에서 가변 인자 함수를 사용할 수 있다. 하지만 ES6를 시작하면 동일한 결과를 얻는 데 전개 연산자^{spread operator}라는 연산자를 사용할 수 있다.

리스트 6-4. 전개 연산자를 사용한 가변 인자 함수

```
const variadic = (a,...variadic) => {
    console.log(a)
    console.log(variadic)
}
```

이제 이 함수를 호출해 어떻게 출력되는지 정확히 알 수 있다.

```
variadic(1,2,3)
=> 1
=> [2,3]
```

결과를 참고하면 첫 번째로 인자 **1**을 가리키며, 나머지 인자는 **variadic** 변수로 전해지며 **...**을 사용한다. ES6 스타일은 함수가 처리에 있어 가변 인자라는 것을 확실하게 언급하며 간결하게 나타낸다.

이제 함수 관점에서 동일한 용어가 있는데, 커링이라는 흥미로운 용어를 알아볼 차례다.

커링

블로그에서 시간의 커링 *n* 수라는 단어를 들어보거나 어떤 의미인지 궁금한 적 있는가? 모르더라도 걱정하지 말자. 커링의 정의를 하나하나씩 살펴보며 이해해보자.

간단한 질문부터 시작해보자. 커링이란 무엇일까? 이 질문에 간단한 답은 다음과 같다. 커링은 n개 인자의 함수를 중첩된 단항 함수로 변화시키는 과정이다. 아직 이해가 되지 않더라도 걱정 말자. 간단한 예제를 통해 어떤 의미인지 살펴보자.

다음과 같은 add라는 함수가 있다고 하자.

```
const add = (x,y) => x + y;
```

간단한 함수다. 이 함수를 add(1,1)처럼 사용해 2라는 결과를 도출할 수 있다. 어렵지 않다. 이제 커링된 add 함수 형태를 살펴보자.

```
const addCurried = x => y => x + y;
```

addCurried 함수는 add의 커링 버전이다. addCurried를 단일 인자로 호출하면 다음과 같다.

```
addCurried(4)
```

5장에서 살펴봤던 클로저 개념으로 x 값을 가져와 함수를 반환한다.

```
=> fn = y => 4 + y
```

원하는 결과를 얻으려면 다음과 같이 addCurried 함수를 호출할 수 있다.

```
addCurried(4)(4)
=> 8
```

일부러 add 함수를 변경해 addCurried 함수로 두 개의 인자를 받고 중첩된 단항 함수로 만들었다. 두 인자를 취하는 함수에서 하나의 인자를 취하는 함수(단항 함수)로 바꾸는 과정을 리스트 6-5처럼 커링이라고 한다.

리스트 6-5. 커링 함수 정의

```
const curry = (binaryFn) => {
    return function (firstArg) {
        return function (secondArg) {
            return binaryFn(firstArg, secondArg);
        };
    };
};
```

참고

ES5 형태로 curry 함수를 작성했으므로 중첩된 단항 함수가 반환되는 과정을 시각화할 수 있다

이제 curry 함수를 사용해 add 함수를 다음과 같은 형태로 변환할 수 있다.

```
let autoCurriedAdd = curry(add)
autoCurriedAdd(2)(2)
=> 4
```

원하는 결과를 정확히 출력한다. 이제 커링의 정의를 다시 복습해보자. 커링은 n개 인자의 함수를 중첩된 단항 함수로 변환하는 과정이다.

curry 함수 정의를 살펴보면 이항 함수를 중첩된 함수로 변환해 하나의 인자만 취하므로, 중첩된 단항 함수를 반환한다. 이제 머릿속에 커링의 개념을 명확히 했지만, 뻔한 질문이 하나 남아있다. 왜 커링이 필요할까? 어디서 사용될까?

커링을 사용하는 경우

간단하게 시작해보자. 테이블을 만드는 함수를 생성한다고 해보자. 예를 들어 table0f2, table0f3, table0f4를 생성한다고 해보자. 리스트 6-6처럼 할 수 있다.

리스트 6-6. 커링이 없는 테이블 함수

```
const tableOf2 = (y) => 2 * y
const tableOf3 = (y) => 3 * y
const tableOf4 = (y) => 4 * y
```

여기서 함수는 다음과 같이 호출한다.

```
tableOf2(4)
=> 8
tableOf3(4)
=> 12
tableOf4(4)
=> 16
```

이제 테이블의 개념을 다음과 같이 단일 함수로 일반화할 수 있다.

```
const genericTable = (x,y) => x * y
```

이제 다음과 같이 table0f2를 얻고자 genericTable을 사용할 수 있다.

```
genericTable(2,2)
genericTable(2,3)
genericTable(2,4)
```

talbe0f3과 table0f4도 동일하다. 패턴을 인식했으면 table0f2에는 첫 번째 인자로 2, table0f3에는 3처럼 계속 채운다. 커링을 이용해 문제를 해결한다고 생각할 수 있다. curry를 이용해 genericTable에서 테이블을 구성해보자.

리스트 6-7. 커링을 이용한 테이블 함수

```
const tableOf2 = curry(genericTable)(2)
const tableOf3 = curry(genericTable)(3)
const tableOf4 = curry(genericTable)(4)
```

이제 테이블의 커링된 형태를 확인할 수 있다.

```
console.log("Tables via currying")
console.log("2 * 2 =",tableOf2(2))
console.log("2 * 3 =",tableOf2(3))
console.log("2 * 4 =",tableOf2(4))

console.log("3 * 2 =",tableOf3(2))
console.log("3 * 3 =",tableOf3(3))
console.log("3 * 4 =",tableOf3(4))

console.log("4 * 2 =",tableOf4(2))
console.log("4 * 3 =",tableOf4(3))
console.log("4 * 4 =",tableOf4(4))
```

다음과 같이 원하는 결과가 출력된다.

```
Table via currying
2 * 2 = 4
2 * 3 = 6
2 * 4 = 8
3 * 2 = 6
3 * 3 = 9
```

```
3 * 4 = 12
4 * 2 = 8
4 * 3 = 12
4 * 4 = 16
```

커링을 사용한 logger 함수

앞 절에서 살펴본 예제는 커링이 어떤 것인지 이해할 수 있게 도와주지만, 이 절에서
는 좀 더 복잡한 예제를 살펴본다. 개발자가 코드를 작성할 때 애플리케이션의 단계별
로 많은 로그를 낸다. 리스트 6-8처럼 로깅 함수를 작성할 수 있다.

리스트 6-8. 간단한 `loggerHelper` 함수

```
const loggerHelper = (mode,initialMessage,errorMessage,lineNo)
=> {
    if(mode === "DEBUG")
        console.debug(initialMessage,errorMessage + "at line: " + lineNo)
    else if(mode === "ERROR")
        console.error(initialMessage,errorMessage + "at line: " + lineNo)
    else if(mode === "WARN")
        console.warn(initialMessage,errorMessage + "at line: " + lineNo)
    else
        throw "Wrong mode"
}
```

개발자가 Stat.js 파일에서 에러를 콘솔에 출력하고자 할 때 다음과 같이 함수를 사용
할 수 있다.

```
loggerHelper("ERROR","Error At Stats.js","Invalid argument passed",23)
loggerHelper("ERROR","Error At Stats.js","undefined argument",223)
loggerHelper("ERROR","Error At Stats.js","curry function is not defined",3)
loggerHelper("ERROR","Error At Stats.js","slice is not defined",31)
```

마찬가지로 loggerHelper 함수를 사용해 디버깅 및 경고 메시지를 낼 수 있다. 보다시피 기본적으로 mode와 initialMessage 인자를 반복 호출하고 있다. 더 향상시킬 수 있을까? 커링을 통해 호출할 수 있다. 앞 절에서 정의한 curry 함수를 사용할 수는 없을까? 안타깝게도 curry 함수는 사용할 수 없다. 앞 절에서 디자인한 curry 함수는 이항 함수만 다룰 수 있을 뿐 네 개의 인자를 가진 loggerHelper 함수는 다룰 수 없기 때문이다.

이 문제를 해결해서 전체적인 함수형 curry 함수를 구현하고 n개 인자를 가진 모든 함수를 핸들링할 수 있게 수정해보자.

커링 다시 살펴보기

리스트 6-5에서는 curry를 함수 하나에만 적용했다. 여러 개의 함수에 적용하는 방법은 간단하지만 curry를 구현하는 데 있어 중요하다. 리스트 6-9처럼 첫 번째 규칙을 추가한다.

리스트 6-9. curry 함수 정의 다시 살펴보기

```
let curry =(fn) => {
    if(typeof fn!=='function'){
        throw Error('No function provided');
    }
};
```

이 코드에서 2와 같은 정수를 가진 curry 함수를 호출하면 에러가 발생한다. 완벽하다! 커링된 함수에 다음으로 필요한 것은 커링된 함수에 모든 인자를 제공받았다면 전달된 인자로 실제 함수를 호출하는 기능이다. 리스트 6-10처럼 추가해보자.

리스트 6-10. 인자를 핸들링하는 curry 함수

```
let curry =(fn) => {
    if(typeof fn!=='function'){
        throw Error('No function provided');
    }
    return function curriedFn(...args){
        return fn.apply(null, args);
    };
};
```

이제 다음과 같은 **multiply**라는 함수가 있다면

```
const multiply = (x,y,z) => x * y * z;
```

다음과 같이 새로운 **curry** 함수를 사용할 수 있다.

```
curry(multiply)(1,2,3)
=> 6
curry(multiply)(1,2,0)
=> 0
```

실제 어떻게 동작하는지 살펴보자. **curry** 함수 안에 다음과 같이 로직을 추가한다.

```
return function curriedFn(...args){
    return fn.apply(null, args);
};
```

반환된 함수는 가변 인자 함수로, **args**를 전달받아 **apply**를 통해 함수가 호출되며 해당 함수가 반환된다.

```
. . .
fn.apply(null, args);
. . .
```

curry(multiply)(1,2,3) 예제에서 args는 [1,2,3]을 가리키며, fn에서 apply를 호출하므로 결과는 다음 호출과 동등하다.

```
multiply(1,2,3)
```

이게 원하는 것이다. 따라서 함수에서 원하는 결과를 다시 얻을 수 있다.

이제 n개 인자 함수를 중첩된 단항 함수(curry 자체의 정의다)로 변환하는 문제로 돌아가보자.

리스트 6-11. n개 인자 함수를 단항 함수로 변환하는 curry 함수

```
let curry =(fn) => {
    if(typeof fn!=='function'){
        throw Error('No function provided');
    }

    return function curriedFn(...args){
        if(args.length < fn.length){
            return function(){
                return curriedFn.apply(null, args.concat( [].slice.
                    call(arguments) ));
            };
        }
        return fn.apply(null, args);
    };
};
```

다음 부분을 추가했다.

```
if(args.length < fn.length){
    return function(){
        return curriedFn.apply(null, args.concat( [].slice.call(arguments) ));
    };
}
```

이 코드가 어떻게 동작하는지 하나하나 이해해보자.

```
args.length < fn.length
```

이 줄은 ...args를 통해 전달된 인자 길이가 함수 인자 리스트 length보다 작은지 확인한다. 작다면 if 블록으로 진입하며 그렇지 않다면 이전과 같이 전체 함수 호출로 돌아간다.

if 블록에 들어가면 apply 함수를 사용해 curriedFn을 재귀적으로 다음과 같이 호출한다.

```
curriedFn.apply(null, args.concat( [].slice.call(arguments) ));
```

다음 코드는 중요하다.

```
args.concat( [].slice.call(arguments) )
```

concat 함수를 사용해 전달된 인자를 한 번에 연결시키고 curriedFn을 재귀적으로 호출한다. 전달된 모든 인자가 연결돼 있고 재귀적으로 호출되므로 다음 조건문에 도달하지 못한다.

```
if (args.length < fn.length)
```

인자 리스트 길이(args)와 함수 인자 길이(fn.length)는 동일하며, **if** 블록을 넘어가고 다음과 같이 함수의 전체 결과를 도출하도록 호출한다.

```
return fn.apply(null, args);
```

이를 이해하면 **cuury** 함수를 사용해 **multipy** 함수를 실행할 수 있다.

```
curry(multiply)(3)(2)(1)
=> 6
```

완벽하다! 이제 자신만의 **curry** 함수를 생성했다.

참고

위 코드를 다음과 같이 호출할 수도 있다.

```
let curriedMul3 = curry(multiply)(3)
let curriedMul2 = curriedMul3(2)
let curriedMul1 = curriedMul2(1)
```

curriedMul1은 6과 동일하다. 하지만 curry(multiply)(3)(2)(1)이 읽기 편하므로 이를 사용한다.

주의할 부분은 **curry** 함수가 n개 인자의 함수를 예제에서 보듯이 단항 함수로 호출되는 함수로 변환한다는 점이다.

다시 logger 함수로

앞서 정의한 **curry** 함수를 사용해 **logger** 함수를 해결해보자. 리스트 6-8을 쉽게 참고하고자 함수를 가져오면 다음과 같다.

```
const loggerHelper = (mode,initialMessage,errorMessage,lineNo) => {
    if(mode === "DEBUG")
        console.debug(initialMessage,errorMessage + "at line: " + lineNo)
    else if(mode === "ERROR")
        console.error(initialMessage,errorMessage + "at line: " + lineNo)
    else if(mode === "WARN")
        console.warn(initialMessage,errorMessage + "at line: " + lineNo)
    else
        throw "Wrong mode"
}
```

다음과 같이 함수를 호출한다.

```
loggerHelper("ERROR","Error At Stats.js","Invalid argument passed",23)
```

curry를 활용해 앞의 두 인자를 반복하면서 해결해보자.

```
let errorLogger = curry(loggerHelper)("ERROR")("Error At Stats.js");
let debugLogger = curry(loggerHelper)("DEBUG")("Debug At Stats.js");
let warnLogger = curry(loggerHelper)("WARN")("Warn At Stats.js");
```

이제 커링된 함수를 쉽게 참조해 각 문맥 안에서 사용할 수 있다.

```
// 에러
errorLogger("Error message",21)
=> Error At Stats.js Error messageat line: 21

// 디버그
debugLogger("Debug message",233)
=> Debug At Stats.js Debug messageat line: 233

// 경고
```

```
warnLogger("Warn message",34)
=> Warn At Stats.js Warn messageat line: 34
```

훌륭하다! 실제로 curry 함수가 함수 호출에서 필요 없는 많은 부분을 제거하는 데 어떻게 도움이 되는지 살펴봤다. curry 함수를 뒷받침하는 클로저 개념에 감사하자. 노드의 디버그 모듈은 해당 API에서 커링 개념을 사용한다(https://github.com/visionmedia/debug 를 살펴보자).

커링의 실제 사용

앞 절에서 자신만의 curry 함수를 작성했다. 이 curry 함수를 사용하는 간단한 예제도 살펴봤다.

이 절에서는 커링 기술이 사용되는 작지만 알찬 예제를 알아본다. 이 절에서 보여주는 예제는 일상적으로 커링을 어떻게 사용하는지 이해하는 데 많은 도움을 줄 것이다.

배열 요소에서 숫자 검색

숫자를 요소로 갖는 배열을 검색하고자 해보자. 다음 코드를 바탕으로 문제를 해결할 수 있다.

```
let match = curry(function(expr, str) {
    return str.match(expr);
});
```

반환된 match 함수는 커링된 함수다. 첫 번째 인자 expr을 요소가 숫자를 갖고 있는지 확인하는 정규 표현식인 /[0-9]+/로 나타낼 수 있다.

```
let hasNumber = match(/[0-9]+/)
```

이제 커링된 `filter` 함수를 생성한다.

```
let filter = curry(function(f, ary) {
    return ary.filter(f);
});
```

`hasNumber`와 `filter`를 사용해 `findNumbersInArray`라는 새로운 함수를 만들 수 있다.

```
let findNumbersInArray = filter(hasNumber)
```

다음과 같이 확인할 수 있다.

```
findNumbersInArray(["js","number1"])
=> ["number1"]
```

배열 제곱

배열의 요소를 제곱하는 방법을 이미 알고 있다. 5장에서 동일한 문제를 살펴봤다. 5장에서는 `map` 함수를 사용해 `square` 함수를 전달해 문제를 해결했다. 여기서는 `curry` 함수를 사용해 다른 방법으로 동일한 문제를 해결해본다.

```
let map = curry(function(f, ary) {
    return ary.map(f);
});

let squareAll = map((x) => x * x)
```

```
squareAll([1,2,3])
=> [1,4,9]
```

이 예제에서 보듯이 코드 기반에서 사용되는 **squareAll**이라는 새로운 함수를 생성했다. 마찬가지로 **findEvenOfArray**, **findPrimeOfArray** 등도 만들 수 있다.

데이터 플로우

커링을 사용한 두 절 모두에서 마지막에 **array**를 항상 취하는 커링된 함수를 디자인했다. 5장에서 살펴봤듯이 프로그래머는 배열 같은 자료 구조를 다루면서 최종 인자가 **squareAll**, **findNumbersInArray**와 같은 코드 전체에 사용할 수 있는 재사용 가능한 함수를 생성할 수 있게 해야 한다.

참고

다른 코드에서 **curryN**이라는 커링 함수를 호출했다. 이는 기존 **curry**를 이항 함수에 커링하는 것처럼 유지한다.

부분 적용

이 절에서는 함수 인자를 부분적으로 적용할 수 있는 **partial**이라는 다른 함수를 살펴본다.

10밀리초마다 일련의 연산을 처리한다고 가정해보자. 다음과 같이 **setTimeout** 함수를 사용한다.

```
setTimeout(() => console.log("Do X task"),10);
setTimeout(() => console.log("Do Y task"),10);
```

보다시피 setTimeout 함수가 호출될 때마다 10을 전달한다. 코드에서 이를 숨길 수 있을까? 이 문제에 curry 함수를 사용할 수 있을까? 답은 아니다. curry 함수는 가장 왼쪽에서 가장 오른쪽의 리스트로 인자를 적용하기 때문이다. 필요에 따라 함수에 전달할 수도, 상수(인자 리스트의 대부분이다)로 10을 유지할 수도 있으므로 curry를 사용할 수 없다. 다른 해결 방법은 setTimeout 함수를 감싸 함수 인자의 오른쪽이 최우선으로 되게 하는 것이다.

```
const setTimeoutWrapper = (time,fn) => {
    setTimeout(fn,time);
}
```

다음으로 curry 함수를 사용해 setTimeout을 10밀리초 지연하게 감싼다.

```
const delayTenMs = curry(setTimeoutWrapper)(10)
delayTenMs(() => console.log("Do X task"))
delayTenMs(() => console.log("Do Y task"))
```

이는 필요에 따라 적용된다. 하지만 이 문제는 setTimeoutWrapper라는 래퍼를 한 단계 위에 작성해야 한다. 여기가 부분 적용 기술이 사용되는 곳이다.

부분 함수 구현

부분 적용 기술이 어떻게 작동되는지 완전히 이해하기 위해 이 절에서는 partial 함수를 작성해본다. 구현이 끝나면 간단한 예제로 partial 함수를 어떻게 사용하는지 알아본다.

partial 함수의 구현은 리스트 6-12와 같다.

리스트 6-12. partial 함수 정의

```
const partial = function (fn,...partialArgs){
    let args = partialArgs;
    return function(...fullArguments) {
        let arg = 0;
        for (let i = 0; i < args.length && arg < fullArguments.length; i++) {
            if (args[i] === undefined) {
                args[i] = fullArguments[arg++];
            }
        }
        return fn.apply(null, args);
    };
};
```

현재 문제에 partial 함수를 사용해보자.

```
let delayTenMs = partial(setTimeout,undefined,10);
delayTenMs(() => console.log("Do Y task"))
```

원하는 결과가 콘솔에 출력된다. 이제 partial 함수를 좀 더 자세히 구현해보자. 클로저를 사용해 첫 번째로 함수에 전달되는 인자를 알 수 있다.

```
partial(setTimeout,undefined,10)

// 다음으로 이어진다.
let args = partialArgs
=> args = [undefined,10]
```

args 값을 기억하는 함수를 반환한다(그렇다. 다시 한 번 클로저를 사용한다). 반환된 함수는 매우 쉽다. fullArguments라는 인자를 받고 이 인자를 전달해서 delayTenMs

와 같은 함수를 호출한다.

```
delayTenMs(() => console.log("Do Y task"))

// fullArguments는 다음을 가리킨다.
// [() => console.log("Do Y task")]

// 클로저를 사용하는 args는 다음을 가진다.
// args = [undefined,10]
```

이제 for 루프 안에서는 함수에 필요한 인자 배열을 생성하고 반복한다.

```
for (let i = 0; i < args.length && arg < fullArguments.length; i++) {
    if (args[i] === undefined) {
        args[i] = fullArguments[arg++];
    }
}
```

i 값을 0부터 시작하자.

```
//args = [undefined,10]
//fullArguments = [() => console.log("Do Y task")]
args[0] => undefined === undefined //true

// if 루프 내부
args[0] = fullArguments[0]
=> args[0] = () => console.log("Do Y task")

// 따라서 args는 다음과 같이 된다.
=> [() => console.log("Do Y task"),10]
```

위 코드 예제에서 보듯이 args는 setTimeout 함수 호출에서 예상하는 바와 같이 배열을
가리킨다. args 안에 필요한 인자가 있으면 fn.apply(null,args)로 함수를 호출한다.

n개 인자의 모든 함수에 **partial**을 적용할 수 있음을 기억하자. 좀 더 명확히 하고자 예제를 살펴보자. 자바스크립트에서는 다음 함수를 호출해 JSON을 출력할 수 있다.

```
let obj = {foo: "bar", bar: "foo"}
JSON.stringify(obj, null, 2);
```

보다시피 **stringify**로 호출된 함수의 마지막 두 인자는 항상 **null**과 **2**로 동일할 것이다. **partial**을 사용해 이런 부분을 제거할 수 있다.

```
let prettyPrintJson = partial(JSON.stringify,undefined,null,2)
```

이제 **prettyPrintJson**을 사용해 JSON을 출력할 수 있다.

```
prettyPrintJson({foo: "bar", bar: "foo"})
```

다음과 같이 출력된다.

```
"{
    "foo": "bar",
    "bar": "foo"
}"
```

참고

partial 함수를 구현하는 데 작은 버그가 있다. 다른 인자로 prettyPrintJson을 다시 호출하면 어떻게 될까? 작동할까?

첫 번째로 작동되는 인자에 대해서만 결과가 나타나는데, 왜 그럴까? 어디서 실수가 발생했는지 살펴볼 수 있을까? 힌트: 명심하자. undefined 값을 인자로 변경하면 partialArgs가 변경되며, Arrays는 참조될 때 사용된다.

커링과 부분 적용

두 기술 모두 살펴봤는데, 각각 언제 사용돼야 할까? 답은 API가 어떻게 정의되는지에 따라 달려있다. API가 `map`, `filter`로 정의된다면 curry 함수를 쉽게 사용해 문제를 해결할 수 있다. 하지만 앞 절에서 다뤘듯이 항상 쉽지만은 않다. 예제에서 `setTimeout`처럼 `curry`로 디자인되지 않은 함수도 있다. 이러한 경우 `partial` 함수를 이용하는 것이 가장 좋다. 그 후 curry와 partial을 사용해 함수 인자와 함수 구성을 쉽고 강력하게 한다.

커링은 중첩된 단항 함수를 반환한다는 점에 주의해야 한다. `curry`를 구현해 편의상 n개 인자를 취했다. 개발자가 curry나 partial 중 하나가 필요하다는 것 또한 증명된 사실이다.

요약

커링과 부분 적용은 함수형 프로그래밍에 필요한 도구다. 커링의 정의부터 시작하면서 n개 인자의 함수를 중첩된 단항 함수로 변환했다. 커링의 예제를 살펴보며 어디에 유용한지 알아봤다. 하지만 함수의 중간 인자는 일정한 시간 동안 모르는 상태로 첫 번째 두 인자와 마지막 인자를 채워야 하는 경우가 있다. 여기서 부분 적용이 필요하다. 두 개념을 완전히 이해하고자 자체적으로 curry와 partial 함수를 구현했다. 많은 과정이 있었지만 아직 멀었다.

함수형 프로그래밍은 이름 그대로 작은 함수를 구성해 새로운 함수를 만드는 것이다. 7장에서는 컴포지션과 파이프라인을 다룬다.

컴포지션과 파이프라인

6장에서는 함수형 프로그래밍에서 중요한 두 가지 기술인 커링과 부분 적용을 알아봤다. 자바스크립트 프로그래머가 이 두 기술을 어떻게 사용하고 코드에서 커링과 부분 적용 중 무엇을 선택할지 알아봤다. 7장에서는 함수형 컴포지션의 의미와 실제로 사용되는 경우를 살펴본다.

함수형 컴포지션^{functional composition}이란 간단히 함수형 프로그래밍 세계에서 컴포지션이라 일컫는다. 컴포지션 아이디어의 이론과 간단한 예제를 살펴본 후 compose 함수를 작성해본다. compose 함수가 자바스크립트 개발자에게 어떻게 사용될 수 있는지 이해해본다.

참고

7장의 예제와 라이브러리 소스코드는 chap07 브랜치에 있다. 저장소의 URL은 https://github.com/antsmartian/functional-es8.git이다.

코드를 확인한 후 chap07 브랜치를 확인해보자.

```
...
git checkout -b chap07 origin/chap07
...
```

코드를 실행한 후 다음 명령어를 실행한다.

```
...
npm run playground
...
```

일반적인 용어에서의 컴포지션

함수형 컴포지션이 무엇인지 살펴보기 전에 컴포지션의 아이디어를 이해해보자. 이 절에서는 유닉스에서 더 많이 알려진 철학을 이용해 컴포지션의 아이디어를 알아본다.

유닉스 철학

유닉스 철학은 켄 톰프슨Ken Thompson(벨연구소에서 유닉스 운영체제를 주도했으며, C 언어의 모체인 B 언어를 개발함 – 옮긴이)에 의해 정의됐다. 유닉스 철학의 한 부분은 다음과 같다.

각 프로그래밍이 한 가지 작업을 잘하게 하라. 새로운 작업을 하려면 새로운 '기능'을 추가해 오래된 프로그램을 복잡하게 하지 말고 새로 만들어라.

이는 함수를 구성할 때 정확히 해야 할 부분이다. 지금까지 살펴본 함수는 인자를 받아 데이터를 반환한다. 그렇다. 함수형 프로그래밍은 유닉스 철학을 따른다.

두 번째 철학은 다음과 같다.

> 모든 프로그램의 출력이 아직 알려지지 않은 다른 프로그램의 입력이 될 것으로 예상한다.

흥미로운 인용이다. "모든 프로그램의 출력이 다른 프로그램의 입력이 된다"는 것이 무슨 뜻일까? 확실하게 하고자 이 철학에 따라 구성된 유닉스 플랫폼 명령어를 몇 개 살펴보자.

예를 들어 cat 명령어(함수로도 생각할 수 있다)는 텍스트 파일의 내용을 콘솔에 출력한다. 여기서 cat 명령어는 인자, 즉 파일의 위치를 가져와(함수와 유사하다) 콘솔에 출력(함수와 유사하다)한다. 즉, 다음과 같이 할 수 있다.

```
cat test.txt
```

이에 따라 콘솔에 다음과 같이 출력된다.

```
Hello world
```

참고

여기에서 text.txt의 내용은 Hello world다.

간단하다. grep이라는 다른 명령어는 주어진 텍스트에서 요소를 찾는다. 여기서 중요한 부분은 grep 함수가 입력을 받고 출력을 한다는 것이다(역시 함수와 유사하다). 다음과 같이 grep 명령어를 사용한다.

```
grep 'world' test.txt
```

이 경우 일치하는 요소를 반환한다.

```
Hello world
```

유닉스 철학을 따르는 두 가지 간단한 함수(cat과 grep)를 살펴봤다. 이제 다음의 인용을 이해할 시간이다.

> 모든 프로그램의 출력이 아직 알려지지 않은 다른 프로그램의 입력이 될 것으로 예상한다.

grep 명령어로 검색하는 입력으로 cat 명령어에서 데이터를 전송하고자 한다. cat 명령어는 데이터를 반환한다는 것을 알고 있다. grep 명령어도 검색 연산을 처리하는 데이터를 가져온다는 것을 알고 있다. 따라서 유닉스의 |(파이프 기호)를 사용해 처리한다.

```
cat test.txt | grep 'world'
```

원하는 결과가 출력된다.

```
Hello world
```

참고

| 기호를 파이프 기호라 부른다. 이 기호는 여러 함수를 엮어 문제를 해결하는 데 새로운 함수를 생성하게 한다. 기본적으로 | 왼쪽 함수의 출력을 오른쪽 함수의 입력으로 전달한다. 이 과정을 기술적으로 파이프라인이라 한다.

이 예제는 사소한 것일 수 있지만, 다음 문장 이면의 아이디어를 전달한다.

모든 프로그램의 출력이 아직 알려지지 않은 다른 프로그램의 입력이 될 것으로 예상한다.

예제를 보듯이 grep 명령어와 함수는 cat 명령어의 출력을 받는다. 여기서 두 기본 함수를 엮어 간단히 새로운 함수를 생성했다. 물론 여기서 | 파이프는 주어진 두 명령 어를 연결하는 다리bridge 역할을 한다.

문장을 다소 변경해보자. 주어진 텍스트 파일에서 'world'라는 단어가 몇 개 있는지 세어 보려면 어떻게 할까? 어떻게 구현할까?

다음과 같이 구현할 수 있다.

```
cat test.txt | grep 'world' | wc
```

참고

wc 명령어는 주어진 텍스트에서 단어의 개수를 세는 데 사용된다. 이 명령어는 유닉스와 리눅스 플랫폼에서 사용할 수 있다.

원하는 데이터를 반환할 것이다. 앞 예제에서 살펴봤듯이 기본적인 함수를 통해 필요 한 만큼 새로운 함수를 생성했다. 다시 말해 기본 함수들에서 새로운 함수를 구성한 것이다. 기본 함수는 다음 규칙을 충족해야 한다.

각 기본 함수는 인자를 취하고 값을 반환해야 한다.

| 기호로 새로운 함수를 구성할 수 있다. 7장에서는 자바스크립트에서 compose 함수 를 구성해 유닉스와 리눅스에서 |와 동일한 역할을 하게 해볼 것이다.

이제 기본 함수에서 함수를 구성하는 아이디어를 살펴봤다. 함수를 구성하는 이점은 기 본 함수를 연결해 새로운 함수를 작성하지 않고도 직접 문제를 해결할 수 있다는 점이다.

함수형 컴포지션

이번 절에서는 함수형 컴포지션이 자바스크립트 세계에 유용하게 쓰이는 경우를 살펴본다. 잠시만 기다리면 compose 함수의 아이디어에 완전히 감동할 것이다.

map, filter 다시 살펴보기

5장에서는 map과 filter에서 데이터를 엮어 문제를 직접 해결했다. 해당 문제와 해결 방법을 빠르게 되짚어보자.

리스트 7-1과 같은 구조의 배열 객체가 있었다.

리스트 7-1. Apressbook 객체 구조

```
let apressBooks = [
    {
        "id": 111,
        "title": "C# 6.0",
        "author": "ANDREW TROELSEN",
        "rating": [4.7],
        "reviews": [{good : 4 , excellent : 12}]
    },
    {
        "id": 222,
        "title": "Efficient Learning Machines",
        "author": "Rahul Khanna",
        "rating": [4.5],
        "reviews": []
    },
    {
        "id": 333,
        "title": "Pro AngularJS",
        "author": "Adam Freeman",
        "rating": [4.0],
```

```
        "reviews": []
    },
    {
        "id": 444,
        "title": "Pro ASP.NET",
        "author": "Adam Freeman",
        "rating": [4.2],
        "reviews": [{good : 14 , excellent : 12}]
    }
];
```

문제는 review 값이 4.5 이상인 apressBook 객체에서 title과 author를 뽑아내는
것이었다. 문제를 해결하는 방법은 리스트 7-2와 같다.

리스트 7-2. map을 사용한 작가 정보 가져오기

```
map(filter(apressBooks, (book) => book.rating[0] > 4.5), (book) => {
    return {title: book.title,author:book.author}
})
```

결과는 다음과 같다.

```
[
    {
        title: 'C# 6.0',
        author: 'ANDREW TROELSEN'
    }
]
```

문제를 해결하는 위 코드는 중요한 시사점을 알려준다. filter 함수에서 온 데이터는
map 함수에 입력 인자로 전달된다. 그렇다. 정확하다. 앞 절에서 유닉스 세계의 |를
사용해 문제를 해결한 것과 유사하지 않은가? 자바스크립트에서도 동일하게 구현할

수 있을까? 함수의 출력을 다른 함수의 입력으로 전달해 두 함수를 연결하는 함수를 생성할 수 있을까? 그렇다. 할 수 있다. compose 함수를 살펴보자.

compose 함수

이 절에서는 첫 번째 compose 함수를 생성해본다. compose 함수의 생성은 쉽고 직관적이다. compose 함수는 함수의 출력을 받아 다른 함수에 입력한다. 리스트 7-3처럼 간단한 compose 함수를 작성해보자.

리스트 7-3. compose 함수 정의

```
const compose = (a, b) =>
    (c) => a(b(c))
```

compose 함수는 간단하고 필요한 처리를 한다. 두 함수 a와 b를 받아 하나의 인자 c를 갖는 함수를 반환한다. c에 값을 넣어 compose 함수를 호출하면 c의 입력을 갖는 함수 b를 호출하고, 함수 b의 출력은 함수 a의 입력으로 간다. 이것이 바로 compose 함수의 정의다.

이제 앞 절의 예제를 실행하기 전에 간단한 예제로 compose 함수를 테스트해보자.

참고

compose 함수는 b를 먼저 실행하고, b의 반환값을 함수 a의 인자로 전달한다. compose 함수 안에서 방향은 오른쪽에서 왼쪽이다(b가 먼저 실행되고 다음으로 a가 실행된다).

---

compose 함수 다루기

이번 절에서는 compose 함수로 간단한 예제를 구현한다.

주어진 수를 반올림한다고 해보자. 이 수는 실수이므로, 수를 실수형으로 변환한 후 Math.round를 호출한다.

compose 없이 다음과 같이 할 수 있다.

```
let data = parseFloat("3.56")
let number = Math.round(data)
```

출력은 원하는 대로 4다. 예제에서 보듯이 data(parseFloat 함수의 출력)는 Math.round 에 입력으로 전달되며, 해가 나온다. 이는 정확히 compose 함수로 풀 문제 중 하나다.

compose 함수로 해결해보자.

```
let number = compose(Math.round,parseFloat)
```

이 코드는 다음과 같이 number로 저장된 새로운 함수를 반환한다.

```
number = (c) => Math.round(parseFloat(c))
```

이제 입력 c를 number 함수로 전달하면 원하는 결과가 나온다.

```
number("3.56")
=> 4
```

이것이 바로 함수형 컴포지션이다. 두 함수를 구성해 새로운 함수를 구현했다. 여기서 중요한 것은 Math.round와 parseFloat 함수는 number 함수가 호출되기 전까지 실행되지 않는다는 것이다.

이제 다음과 같은 두 함수가 있다고 해보자.

```
let splitIntoSpaces = (str) => str.split(" ");
let count = (array) => array.length;
```

문자열 안에 있는 단어의 개수를 세는 새로운 함수를 구현하고자 하면 다음과 같이 할 수 있다.

```
const countWords = compose(count,splitIntoSpaces);
```

이제 다음을 호출할 수 있다.

```
countWords("hello your reading about composition")
=> 5
```

compose를 사용해 새로 생성된 countWords 함수는 간결하고 여러 기본 함수를 구현해 간단한 함수를 쉽게 작성할 수 있다.

구원자: curry와 partial

함수가 하나의 인자를 입력으로 취할 때 두 함수를 합성할 수 있다. 하지만 여러 인자를 갖는 함수가 있으므로 항상 그렇지는 않다. 이러한 함수는 어떻게 합성할 수 있을까? 이에 대해 할 수 있는 작업이 있을까?

그렇다. 6장에서 정의한 curry와 partial 함수 중 하나를 사용해 합성할 수 있다. 7장의 앞부분에서 다음 코드를 사용해 문제 하나를 해결했다(리스트 7-2).

```
map(filter(apressBooks, (book) => book.rating[0] > 4.5), (book) => {
    return {title: book.title,author:book.author}
})
```

예제에서 명시된 map과 filter 모두 합성하는 데 compose 함수를 사용할 수 있을까?
map과 filter 모두 두 인자를 취하는 함수다. 첫 번째 인자는 배열이고 두 번째 인자
는 이 배열을 연산하는 함수다. 따라서 이 두 함수를 직접 합성할 수는 없다.

하지만 partial 함수에서 도움을 받을 수 있다. 위 코드는 apressBooks 객체에서
동작한다. 쉽게 참고하고자 apressBooks 객체를 여기서 다시 살펴본다.

```
let apressBooks = [
    {
        "id": 111,
        "title": "C# 6.0",
        "author": "ANDREW TROELSEN",
        "rating": [4.7],
        "reviews": [{good : 4 , excellent : 12}]
    },
    {
        "id": 222,
        "title": "Efficient Learning Machines",
        "author": "Rahul Khanna",
        "rating": [4.5],
        "reviews": []
    },
    {
        "id": 333,
        "title": "Pro AngularJS",
        "author": "Adam Freeman",
        "rating": [4.0],
        "reviews": []
    },
```

```
    {
        "id": 444,
        "title": "Pro ASP.NET",
        "author": "Adam Freeman",
        "rating": [4.2],
        "reviews": [{good : 14 , excellent : 12}]
    }
];
```

이제 다음과 같은 다른 rating을 기반으로 도서를 필터링하는 여러 작은 함수를 코드에서 살펴볼 수 있다.

```
let filterOutStandingBooks = (book) => book.rating[0] === 5;
let filterGoodBooks = (book) => book.rating[0] > 4.5;
let filterBadBooks = (book) => book.rating[0] < 3.5;
```

다음과 같이 여러 프로젝션 함수도 있다.

```
let projectTitleAndAuthor = (book) => { return {title: book.
        title,author:book.author} }
let projectAuthor = (book) => { return {author:book.author} }
let projectTitle = (book) => { return {title: book.title} }
```

참고

간단한 작업에 작은 함수가 왜 있는지 궁금할 것이다. 컴포지션은 작은 함수가 큰 함수로 구성되는 것이다. 간단한 함수는 읽고, 테스트하고, 유지하기 쉽다. 그리고 compose를 사용해 이 절에서 보듯이 다양한 부분을 구현할 수 있다.

이제 문제(rating이 4.5 이상 도서의 제목과 저자 뽑아내기)를 해결하는 데 다음과 같이 compose와 partial을 사용할 수 있다.

```
let queryGoodBooks = partial(filter,undefined,filterGoodBooks);
let mapTitleAndAuthor = partial(map,undefined,projectTitleAndAuthor)
let titleAndAuthorForGoodBooks = compose(mapTitleAndAuthor,queryGoodBooks)
```

현재 문제 영역에서 partial 함수의 위치를 이해해보자. 언급했다시피 compose 함수는 하나의 인자를 갖는 함수를 합성한다. 하지만 filter와 map 둘 다 인자 두 개를 취하고, 직접적으로 이를 합성할 수 없다.

여기서 보듯이 이것이 바로 map과 filter의 두 번째 인자에 부분적으로 적용하고자 partial 함수를 사용한 이유다.

```
partial(filter,undefined,filterGoodBooks);
partial(map,undefined,projectTitleAndAuthor)
```

여기서 4.5 이상 rating의 도서에 쿼리하고자 filterGoodVBooks 함수를 전달하고, apressBooks 객체에서 title과 author 속성을 취하고자 projectTitleAuthor 함수를 전달했다. 이제 반환된 부분 적용은 인자 하나인 배열만 취한다. 리스트 7-4에서 보듯이 두 부분 함수에서 compose를 통해 이 함수를 합성할 수 있다.

리스트 7-4. compose 함수 사용하기

```
let titleAndAuthorForGoodBooks = compose(mapTitleAndAuthor, queryGoodBooks)
```

이제 titleAndAuthorForGoodBooks 함수는 하나의 인자를 가지며, apressBooks의 경우 객체 배열을 이에 전달한다.

```
titleAndAuthorForGoodBooks(apressBooks)
=> [
    {
        title: 'C# 6.0',
```

```
        author: 'ANDREW TROELSEN'
    }
]
```

compose 없이도 원하는 것을 정확히 다시 얻을 수 있었다. 하지만 최종 합성된 버전인 **titleAndAuthorForGoodBooks**는 훨씬 가독성이 높고 간결하다. 필요에 따라 compose 를 사용해 재구성할 수 있는 작은 함수 단위를 생성하는 것이 중요하다.

동일한 예제에서 rating 4.5 이상의 도서에서 **titles**만 가져오려면 어떻게 해야 할 까? 간단하다.

```
let mapTitle = partial(map,undefined,projectTitle)
let titleForGoodBooks = compose(mapTitle,queryGoodBooks)
// 호출한다.
titleForGoodBooks(apressBooks)
=> [
    {
        title: 'C# 6.0'
    }
]
```

rating이 5인 도서에서 **author** 속성만 뽑는다면 어떻게 할까? 쉽지 않을까? 이미 정의 한 compose 함수를 사용해 해결하도록 과제로 남긴다.

참고

이 절에서 partial을 사용해 함수의 인자를 채웠다. 하지만 curry를 사용해 동일한 작업을 할 수 있다. 어떤 걸 선택해도 된다. 이 예제에서 curry를 사용해 해결 방법을 찾을 수 있을까? (힌트: map, filter의 인자 순서를 역으로 해보자)

여러 함수 합성

현재 compose 함수 형태는 주어진 두 함수만 합성한다. 함수가 세 개, 네 개 이상으로 합성할 때는 어떻게 할까? 안타깝게도 현재 구현은 이를 핸들링할 수 없다. compose 함수를 다시 작성해 여러 함수를 합성해보자.

각 함수의 출력을 다른 함수의 입력으로 전달해야 한다고 해보자(재귀적으로 실행된 함수 최종 출력을 살펴보자). 6장에서 n개의 함수 호출을 한 번으로 축소하는 reduce 함수를 사용했었다. 다시 작성된 compose 함수는 리스트 7-5와 같다.

리스트 7-5. 여러 가지 compose 함수

```
const compose = (...fns) =>
    (value) =>
        reduce(fns.reverse(),(acc, fn) => fn(acc), value);
```

참고

이 함수를 소스코드에서는 composeN이라 부른다.

이 함수에서 중요한 부분은 다음과 같다.

```
reduce(fns.reverse(),(acc, fn) => fn(acc), value);
```

참고

6장에서 배열을 단일 값으로 축소하는 reduce 함수를 사용했던 것을 상기해보자(예. 누산기 값. reduce의 세 번째 파라미터). 예를 들어 주어진 배열의 합을 찾는 데 reduce를 사용한다.

```
reduce([1,2,3],(acc,it) => it + acc,0)=> 6
```

여기에서 배열 [1,2,3]은 [6]으로 축소된다. 누산기 값은 0이다.

여기에서 fns.reverse()를 통해 함수 배열을 뒤집고, acc 값을 인자로 전달하면 각 함수에서 다른 함수로 호출하는 (acc, fn) => fn(acc)로 함수를 전달한다. 특히 최초 누산기 값은 value 변수며, 함수의 첫 번째 입력이 된다.

새로운 compose 함수로 기존 예제에서 테스트해보자. 앞 절에서 함수를 합성해 문자열에서 주어진 단어 개수를 세어보자.

```
let splitIntoSpaces = (str) => str.split(" ");
let count = (array) => array.length;
const countWords = compose(count,splitIntoSpaces);

// 단어 개수 세기
countWords("hello your reading about composition")
=> 5
```

주어진 문자열에서의 단어 개수가 홀수인지 짝수인지 알고자 한다. 이에 관한 함수가 다음과 같이 이미 있다.

```
let oddOrEven = (ip) => ip % 2 == 0 ? "even" : "odd"
```

이제 compose 함수로 세 함수를 합성해 원하는 작업을 할 수 있다.

```
const oddOrEvenWords = composeN(oddOrEven,count,splitIntoSpaces);
oddOrEvenWords("hello your reading about composition")
=> ["odd"]
```

원하는 결과를 얻었다. 새로운 compose 함수를 사용해보자.

이제 compose 함수로 원하는 것을 어떻게 얻는지 완전히 이해했다. 다음 절에서 파이프라인^{pipelines}이라는 다른 방법으로 compose 개념을 살펴본다.

파이프라인과 시퀀스

앞 절에서는 함수가 오른쪽부터 먼저 실행돼 가장 왼쪽의 함수가 마지막으로 실행될 때까지 다음 함수에 데이터를 전달하므로, compose의 데이터 플로우가 오른쪽에서 왼쪽임을 살펴봤다.

일부 사람은 가장 왼쪽의 함수가 먼저 실행되고 오른쪽의 함수가 마지막에 실행되는 방법을 선호한다. 유닉스 명령어에서 |(파이프 기호)를 사용할 때 데이터 플로우는 왼쪽에서 오른쪽이다. 이 절에서는 compose 함수와 동일한 동작을 하지만 데이터 플로우가 반대인 pipe라는 새로운 함수를 구현할 것이다.

참고

데이터를 왼쪽에서 오른쪽으로 이동하는 과정을 파이프라인 또는 짝수 시퀀스(even sequences) 라 부른다. 파이프라인이나 시퀀스(sequences)라고 편하게 부를 수도 있다.

파이프 구현

pipe 함수는 compose 함수의 복제 형태다. 변경된 부분은 리스트 7-6과 같이 데이터 플로우뿐이다.

리스트 7-6. pipe 함수 정의

```
const pipe = (...fns) =>
    (value) =>
        reduce(fns,(acc, fn) => fn(acc), value);
```

이게 전부다. fns 역함수의 호출은 compose 안에 더 이상 없는데, 이는 왼쪽부터 오른쪽 순서로 함수를 실행하겠다는 의미다.

pipe 함수를 앞 절의 동일한 예제로 실행해 확인해보자.

```
const oddOrEvenWords = pipe(splitIntoSpaces,count,oddOrEven);
oddOrEvenWords("hello your reading about composition");
=> ["odd"]
```

하지만 결과는 동일한데, 파이프를 처리할 때 함수의 순서가 바뀐 것에 주의하자. 먼저 splitIntospaces를 호출하고 그다음 count, 마지막으로 oddOrEven을 호출했다.

(셸 스크립트를 잘 아는) 사람들은 compose보다 파이프를 선호한다. 개인적인 선호이며, 내부 구현만 하면 된다. 중요한 부분은 pipe와 compose 모두 동일하며 데이터 플로우만 다르다는 점이다. 코드에서 pipe나 compose 중 하나를 사용할 수 있지만, 팀원들이 혼란에 빠질 수 있으므로 함께 사용하지는 않는다. 합성하는 데 한 가지 스타일을 고수해보자.

컴포지션의 특이점

이 절에서는 두 주제를 다뤄본다. 첫 번째로 compose의 가장 중요한 속성인 "컴포지션은 결합 법칙이 성립한다"를 다룬다. 두 번째로 여러 함수를 합성할 때 어떻게 디버깅하는지 알아본다.

하나하나 살펴보자.

컴포지션은 결합 법칙이 성립한다

함수형 컴포지션은 항상 결합 법칙을 따른다. 예를 들어 일반적으로 결합 법칙은 표현의 결과를 괄호 순서에 상관없이 동일하게 한다.

```
x * (y * z) = (x * y) * z = xyz
```

마찬가지로 다음과 같다.

```
compose(f, compose(g, h)) == compose(compose(f, g), h);
```

앞 절의 예제를 빠르게 확인해보자.

```
//compose(compose(f, g), h)

let oddOrEvenWords = compose(compose(oddOrEven,count),splitInto Spaces);
let oddOrEvenWords("hello your reading about composition")
=> ['odd']

//compose(f, compose(g, h))

let oddOrEvenWords = compose(oddOrEven,compose(count,splitIntoS paces));
let oddOrEvenWords("hello your reading about composition")
=> ['odd']
```

예제에서 보듯이 두 경우 모두 결과는 동일하다. 따라서 함수형 컴포지션은 결합이 가능하다. compose를 결합해 어떤 이점을 얻을 수 있는지 궁금할 것이다.

다음과 같이 compose로 함수를 그룹화할 수 있다.

```
let countWords = compose(count,splitIntoSpaces)
let oddOrEvenWords = compose(oddOrEven,countWords)

또는
let countOddOrEven = compose(oddOrEven,count)
let oddOrEvenWords = compose(countOddOrEven,splitIntoSpaces)

또는
```

...

위 코드는 컴포지션이 결합 법칙에 따르므로 가능하다. 작은 함수를 생성하는 것은 컴포지션의 핵심이다. compose는 결합할 수 있으므로 동일한 결과로 걱정 없이 컴포지션을 통해 작은 함수를 생성할 수 있다.

파이프라인 연산자

기본 함수를 합성하고 연결하는 또 다른 방법은 파이프라인 연산자를 사용하는 것이다. 파이프라인 연산자는 이미 살펴본 유닉스 파이프 연산자와 유사하다. 새로운 파이프라인 연산자는 자바스크립트 함수 코드의 가독성과 확장성을 높인다.

참고

작성할 때 파이프라인 연산자는 여전히 TC39(ECMAScript 내의 스펙을 관리하는 위원회다 – 옮긴이) 승인 워크플로우 내의 Stage 1 드래프트(제안) 상태며, ECMAScript 명세의 부분은 아직 아니다. 브라우저 호환성과 관련해 현재 제안의 최신 상태는 https://github.com/tc39/proposals에서 사용할 수 있다.

파이프라인 연산의 예제를 살펴보자.

단일 문자열 인자를 연산하는 다음 수학 함수를 살펴보자.

```
const double = (n) => n * 2;
const increment = (n) => n + 1;
const ntimes = (n) => n * n;
```

이제 모든 숫자로 이 함수를 호출하려면 일반적으로 다음 문장을 작성해야 한다.

```
ntimes(double(increment(double(double(5)))));
```

위 문장은 **1764** 값을 반환한다. 이 문장의 문제는 가독성인데, 연산자의 시퀀스와 연산자의 개수는 가독성을 떨어뜨린다. 리눅스와 같은 시스템은 7장의 전반부에서 살펴본 연산자와 같은 파이프라인 연산자를 사용한다. 코드 가독성을 높이고자 유사한 연산자가 ECMAScript 2017(ECMA8)로 추가됐다. 이 연산자의 이름은 파이프라인(또는 이항 연산자)이며, '|>'이다. 이항 연산자는 해당 좌변^{LHS, Left-Hand Side}을 평가해 우변에 좌변의 값을 단항 함수 호출로 적용한다. 이 연산자를 사용해 앞의 문장은 다음과 같이 작성될 수 있다.

```
5 |> double |> double |> increment |> double |> ntimes // 1764 반환
```

훨씬 더 가독성이 있지 않는가? 중첩식보다 읽기 쉬우며, 괄호와 들여쓰기 또한 적거나 사용하지 않아도 된다. 이 부분에서는 하나의 인자만 갖는 단항 함수에서만 동작한다.

참고

연산자가 제안 상태이므로 코드를 작성하는 이 시점에서 바벨 컴파일러를 사용할 기회가 없었다. 최신 바벨 컴파일러를 사용해 제안 상태가 스테이지 0(릴리스)을 전달할 때 앞 예제를 실행해볼 수 있다. https://babeljs.io/에서 온라인 바벨 컴파일러도 사용할 수 있다. ECMAScript 내의 이러한 제안 포괄의 최신 상태는 https://github.com/tc39/proposals/에서 살펴볼 수 있다.

리뷰된 도서의 제목과 저자를 얻는 앞 예제에 파이프라인 연산자를 사용하면 다음과 같다.

```
let queryGoodBooks = partial(filter,undefined,filterGoodBooks);
let mapTitleAndAuthor = partial(map,undefined,projectTitleAnd Author)
```

```
let titleAndAuthorForGoodBooks = compose(mapTitleAndAuthor, queryGoodBooks)
titleAndAuthorForGoodBooks(apressBooks)
```

위 코드를 좀 더 이해하기 쉽게 다음과 같이 다시 작성할 수 있다.

```
apressBooks |> queryGoodBooks |> mapTitleAndAuthor.
```

이 연산자는 문법적으로 대체되고, 내부의 코드는 동일하며 개발자 선택에 달렸다. 하지만 이러한 패턴은 중간 변수를 이름 짓는 노력을 없애므로 타이핑에 유리하다. 파이프라인 연산자에 대한 깃허브 저장소는 https://github.com/babel/babel/tree/master/packages/babel-plugin-syntax-pipeline-operator다.

파이프라인 연산자가 단항 함수에서만 동작하지만, 다항 인자 함수에서도 사용할 수 있는 방법이 있다. 다음과 같은 함수가 있다고 해보자.

```
let add = (x, y) => x + y;
let double = (x) => x + x;

// 파이프 연산자 없이
add(10, double(7))

// 파이프 연산자 사용
7 |> double |> ( _=> add(10, _ ) // 24 반환
```

참고

_ 문자는 다른 유효한 변수 이름으로 바꿀 수 있다.

tap 함수를 사용한 디버깅

7장에서는 compose 함수를 꽤 많이 사용했다. compose 함수는 여러 함수를 합성할수 있다. 데이터는 왼쪽에서 오른쪽으로 전체 함수 리스트가 평가될 때까지 이동한다. 이 절에서는 compose 내의 결점을 디버깅할 수 있는 트릭을 알아본다.

identity라는 간단한 함수를 만들어보자. 이 함수의 목표는 인자를 받고 동일한 인자(즉, 이름 자체)를 반환하는 것이다.

```
const identity = (it) => {
    console.log(it);
    return it
}
```

여기에 간단한 console.log를 추가해 값을 출력하고 이를 다시 반환한다. 이제 다음과 같이 호출된다고 해보자.

```
compose(oddOrEven,count,splitIntoSpaces)("Test string");
```

이 코드를 실행할 경우 count 함수가 에러를 던지면 어떻게 될까? count 함수가 인자로 받는 값을 어떻게 알까? 이것이 간단한 identity 함수가 필요한 부분이다. identity를 플로우 내에 다음과 같이 에러가 보이는 곳에 추가할 수 있다.

```
compose(oddOrEven,count,identity,splitIntoSpaces)("Test string");
```

count 함수가 받은 입력 인자를 출력한다. 이러한 간단한 함수는 함수가 받는 데이터를 디버깅하는 데 많은 도움을 준다.

요약

유닉스 철학을 예제로 알아보며 7장을 시작했다. 유닉스 철학을 따르며 cat, grep, wc 등의 유닉스 명령어를 필요에 따라 어떻게 합성할 수 있는지 살펴봤다. compose 함수를 직접 만들어보며 자바스크립트에서 동일하게 구현해봤다. 간단한 compose 함수는 개발자가 복잡한 함수를 필요에 따라 잘 정의된 작은 함수로 합성하는 데 유용하다. 함수형 컴포지션에서 커링이 어떻게 도움이 되는지 partial 함수를 활용한 예제를 살펴봤다.

pipe 함수도 살펴봤는데, compose 함수와 비교해 데이터 플로우만 바뀌며 나머지는 동일하다. 7장의 마지막에서는 compose의 중요한 속성인 결합 법칙을 다뤘다. 새로운 파이프라인 연산자(|>)인 이항 연산자를 살펴보며 단항 함수에서 사용했다. 파이프라인 연산자는 ECMAScript 2017에 제안 상태며, ECMAScript의 다음 릴리스에서 사용할 수 있다. compose 함수와 문제를 마주할 때 디버깅 툴로 사용할 수 있는 identity라는 작은 함수도 살펴봤다.

8장에서는 함수자[functor]를 다룬다. 함수자는 간단하지만 강력하다. 8장에서 함수자의 사용 케이스를 더 많이 알아본다.

함수자

7장에서 여러 가지 함수형 프로그래밍 기술을 살펴봤다. 8장에서는 프로그래밍에서 에러 핸들링error handling이라는 또 다른 중요한 개념을 살펴본다. 에러 핸들링은 애플리케이션에서 에러를 다루는 프로그래밍 기술이다. 에러 핸들링의 함수형 프로그래밍 방법은 어렵지만 8장에서는 이를 정확히 다뤄본다.

함수자functor라는 새로운 개념을 살펴보자. 이 개념은 순수하게 함수형 방법으로 에러를 다룰 수 있도록 도와준다. 함수자의 아이디어를 이해한 후 두 가지의 실제 함수자(MayBe, Either)를 구현해본다.

참고

8장의 예제와 라이브러리 소스코드는 chap08 브랜치에 있다. 저장소의 URL은 https://github.com/antsmartian/functional-es8.git이다.

코드를 확인한 후 chap08 브랜치를 확인해보자.

```
...
git checkout -b chap08 origin/chap08
...
```

코드를 실행한 후 다음 명령어를 실행한다.

```
...
npm run playground
...
```

함수자

이 절에서는 함수자가 무엇인지 살펴본다. 다음 정의를 살펴보자.

> 함수자란 기본적인 객체(다른 언어에서는 타입 클래스)로, 객체 내의 각 값을 실행할 때 새로운 객체를 실행하는 **map** 함수를 구현한다.

처음에는 이해하기 어려운 정의다. 한 단계씩 살펴보면서 완벽하게 이해해보고, 함수자가 무엇인지 코드를 작성해가며 알아본다.

함수자는 컨테이너다

간단하게 함수자는 값을 갖고 있는 컨테이너다. 함수자가 기본적인 객체라는 정의에서 이를 살펴봤다. 함수자로 전달하는 값을 갖는 간단한 컨테이너를 생성해보며, Container(리스트 8-1)를 호출해보자.

리스트 8-1. Container 정의

```
const Container = function(val) {
    this.value = val;
}
```

참고

Container 함수를 화살표 문법을 사용해 작성하지 않은 이유가 궁금할 것이다.

```
const Container = (val) => {
    this.value = val;
}
```

이 코드도 괜찮지만, Container에 new 키워드를 적용할 때 다음과 같이 에러가 나타난다.

```
Container is not a constructor(...)(anonymous function)
```

왜 그럴까? 음, 기술적으로 새로운 객체를 생성할 때 함수는 내부 메서드 [[Construct]]와 프로토타입 속성을 갖고 있다. 안타깝게도 화살표 함수는 둘 다 갖고 있지 않다. 따라서 function으로 돌아가 내부 메서드 [[Construct]]가 있으면 프로토타입 속성에 접근할 수도 있다.

이제 리스트 8-2처럼 Container를 이용해 새로운 객체를 생성해보자.

리스트 8-2. Container 다루기

```
let testValue = new Container(3)
=> Container(value:3)

let testObj = new Container({a:1})
=> Container(value:{a:1})

let testArray = new Container([1,2])
=> Container(value:[1,2])
```

Container는 값을 내부에 저장하기만 한다. 자바스크립트의 모든 데이터형을 전달할 수 있으며, Container는 이를 저장한다. 다음으로 넘어가기 전에 Container 프로토타입에서 of라고 불리는 유용한 메서드를 생성할 수 있는데, new 키워드를 사용하지 않아도 새로운 Container를 생성할 수 있게 해준다. 리스트 8-3과 같은 코드를 살펴보자.

리스트 8-3. of 메서드 정의

```
Container.of = function(value) {
    return new Container(value);
}
```

of 메서드를 이용해 리스트 8-2 코드를 다음과 같이 리스트 8-4로 다시 작성할 수 있다.

리스트 8-4. of를 통한 Container 생성

```
testValue = Container.of(3)
=> Container(value:3)

testObj = Container.of({a:1})
=> Container(value:{a:1})

testArray = new Container([1,2])
=> Container(value:[1,2])
```

Container가 중첩된 Container들에 포함될 수 있다는 것이 중요하다.

```
Container.of(Container.of(3));
```

이 코드를 실행하면 다음과 같이 출력된다.

```
Container {
    value: Container {
        value: 3
    }
}
```

이제 값을 저장하는 Container로 함수자를 정의했는데, 함수자의 정의를 다시 살펴 보자.

> 함수자란 기본적인 객체(다른 언어에서는 타입 클래스)로, 객체 내의 각 값을 실행할 때 새로운 객체를 실행하는 map 함수를 구현한다.

함수자에서 map이라는 메서드를 구현할 필요가 있다. 다음 절에서 이 메서드를 구현 해보자.

map 구현

map 함수를 구현하기 전에 map 함수가 필요한 이유를 생각해보자. 전달된 값을 저장하 는 Container를 생성했다고 해보자. 하지만 저장된 값을 사용하기는 힘든데, 이러한 이유로 map 함수가 필요하다. map 함수를 사용하면 현재 Container에 저장된 값에 대한 함수를 호출할 수 있다.

map 함수는 Container의 값을 받고 해당 값에 전달된 함수를 적용한 후 결과를 다시 Container에 넣는다. 이 과정을 시각화하면 그림 8-1과 같다.

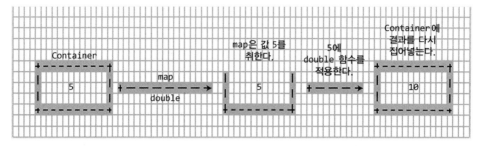

그림 8-1. Container와 map 함수의 메커니즘

그림 8-1은 map 함수가 Container 객체와 동작하는 방법을 보여준다. Container의 값을 받고(이 경우 5이다) 해당 값을 double 함수(이 함수는 주어진 숫자를 두 배로 한다)에 전달한다. 결과는 다시 Container로 돌아온다. 이를 이해하고 리스트 8-5와 같이 map 함수를 구현해보자.

리스트 8-5. map 함수 정의

```
Container.prototype.map = function(fn){
    return Container.of(fn(this.value));
}
```

이 코드에서 map 함수는 단순히 그림 8-1에서 다룬 것을 처리한다. 간단하고 명료하다. 이제 좀 더 확실히 하고자 코드에 이미지를 넣어보자.

```
let double = (x) => x + x;
Container.of(3).map(double)
=> Container { value: 6 }
```

map 함수는 Container에 전달된 함수의 결과를 다시 반환하며, 이는 결합 연산을 가능케 한다.

```
Container.of(3).map(double)
               .map(double)
               .map(double)
=> Container {value: 24}
```

이제 map 함수로 Container를 구현하며, 함수자 정의를 확실히 할 수 있다.

함수자란 기본적인 객체(다른 언어에서는 타입 클래스)로, 객체 내의 각 값을 실행할 때 새로운 객체를 실행하는 map 함수를 구현한다.

달리 말하면 다음과 같다.

함수자는 map 컨트랙트를 구현하는 객체다.

이제 정의를 마쳤는데, 함수자가 어디에 사용되는지 궁금할 것이다. 다음 절에서 이를 알아본다.

참고

함수자는 컨트랙트를 위한 개념이다. 보다시피 컨트랙트는 간단하게 map을 구현하는 것이다. map 함수를 구현하는 방법은 8장에서 살펴볼 MayBe와 Either 같은 여러 가지 형태의 함수자를 제공한다.

MayBe 함수자

8장에서는 함수형 프로그래밍 기술을 사용해 예외와 에러를 어떻게 다루는지 알아본다. 앞 절에서는 함수자의 기본적인 개념을 배웠다. 이 절에서는 MayBe라는 함수자를 살펴본다. MayBe 함수자는 좀 더 함수적인 방법으로 코드의 에러를 핸들링할 수 있다.

MayBe 구현

MayBe는 함수자의 한 형태로, map 함수를 다른 방식으로 구현한다. 리스트 8-6에서 간단한 MayBe를 작성해 데이터를 저장해보자(Container 구현과 유사하다).

리스트 8-6. MayBe 함수 정의

```
const MayBe = function(val) {
    this.value = val;
}

MayBe.of = function(val) {
    return new MayBe(val);
}
```

MayBe를 생성했는데, Container 구현과 유사하다. 리스트 8-7처럼 MayBe를 생성하려면 map 컨트랙트를 구현해야 한다.

리스트 8-7. MayBe의 map 함수 정의

```
MayBe.prototype.isNothing = function() {
    return (this.value === null || this.value === undefined);
};

MayBe.prototype.map = function(fn) {
    return this.isNothing() ? MayBe.of(null) : MayBe.of(fn(this.value));
};
```

map 함수는 Container(간단한 함수자) map 함수와 유사하다. MayBe의 map은 전달된 함수에 isNothing 함수를 적용해 컨테이너의 값이 null인지 undefined인지 먼저 확인한다.

```
(this.value === null || this.value === undefined);
```

map은 컨테이너에 함수를 다시 적용한 결과를 넣는다.

```
return this.isNothing() ? Maybe.of(null) : Maybe.of(f(this.__value));
```

이제 **MayBe**가 작동한다.

간단한 사용자 케이스

앞 절에서 다뤘듯이 **MayBe**는 **map**에 전달된 함수를 적용하기 전에 **null**과 **undefined**를 확인한다. 이는 에러 핸들링을 다루는 가장 강력한 추상화다. 좀 더 확실히 하고자 리스트 8-8에서 간단한 예제를 제공한다.

리스트 8-8. 첫 번째 MayBe 생성하기

```
MayBe.of("string").map((x) => x.toUpperCase())
```

이 코드는 다음을 반환한다.

```
MayBe { value: 'STRING' }
```

이 코드에서 가장 중요한 부분은 다음과 같다.

```
(x) => x.toUpperCase()
```

x가 **null** 또는 **undefined**이거나, **MayBe** 함수자로 추상화돼도 상관없다. **string**의 값이 **null**이면 어떻게 될까? 코드는 다음과 같다.

```
MayBe.of(null).map((x) => x.toUpperCase())
```

이 코드는 다음을 반환한다.

```
MayBe { value: null }
```

이제 코드는 값을 타입 안전한^{type safety} 컨테이너 **MayBe**에서 래핑^{wrap}하므로, null과 undefined 값으로 익스플로드^{explode}되지 않는다. 이제 선언적인 방법으로 null 값을 다룰 수 있다.

참고

MayBe.of(null)의 경우 map 함수를 호출하면 구현에서 map이 먼저 isNothing을 호출해 null인지 undefined인지 확인한다.

```
// map 구현
MayBe.prototype.map = function(fn) {
    return this.isNothing() ? MayBe.of(null) : MayBe.of(fn(this.value));
};
```

isNothing이 true를 반환하면 전달된 함수를 호출하는 대신 MayBe.of(null)을 반환한다.

일반적인 명령형 방법으로 다음과 같이 할 수 있다.

```
let value = "string"
if(value != null || value != undefined)
    return value.toUpperCase();
```

위 코드는 정확히 동일한 작업을 하지만, 단일 호출의 경우에도 value가 null이나 undefined인지 확인하는 단계를 자세히 살펴보자. **MayBe**를 사용할 때에도 결과 값을 유지하고자 부적절한 변수에 신경 쓰지 않는다. 리스트 8-9와 같이 원하는 **map** 함수를 연결할 수 있다.

```
MayBe.of("George")
    .map((x) => x.toUpperCase())
    .map((x) => "Mr. " + x)
```

이 코드는 다음을 반환한다.

```
MayBe { value: 'Mr. GEORGE' }
```

8장을 마무리하기 전에 **MayBe**에서 중요한 두 속성을 더 살펴보자. 첫 번째로 **map**에 전달된 함수가 null/undefined를 반환하더라도 **MayBe**는 처리할 수 있다. 다시 말해 전체 **map** 호출 연결에서 함수가 null이나 undefined를 반환해도 괜찮다. 이 점을 확인하려면 마지막 예제를 살펴보자.

```
MayBe.of("George")
    .map(() => undefined)
    .map((x) => "Mr. " + x)
```

두 번째 **map** 함수는 **undefined**를 반환하는데, 위 코드를 실행하면 결과는 다음과 같다.

```
MayBe { value: null }
```

두 번째로 중요한 점은 모든 **map** 함수가 null/undefined를 받는 것과 상관없이 호출된다는 점이다. 앞 예제에서 사용한 동일한 코드(리스트 8-9)를 넣어보자.

```
MayBe.of("George")
    .map(() => undefined)
    .map((x) => "Mr. " + x)
```

여기에서 첫 번째 map이 undefined를 반환한다.

```
map(() => undefined)
```

두 번째 map을 always(예, 모든 층의 연결된 map 함수들이 항상 호출된다)라 부른다. 이는 단지 체인에서 다음 map 함수가 undefined(이전 map은 undefined/null을 반환한다)를 반환하며, 전달된 함수를 적용하는 것과는 상관없다. 이 과정은 최종 map 함수 호출이 체인에서 평가될 때까지 반복된다.

실제 사용자 케이스

MayBe는 모든 값을 저장하는 컨테이너의 한 형태이므로 Array형의 값도 저장할 수 있다. top, new, hot(리스트 8-10) 같은 형을 기반으로 톱 10 SubReddit 데이터를 가져오는 API를 작성한다고 해보자.

리스트 8-10. 톱 10 SubReddit 게시물 가져오기

```
let getTopTenSubRedditPosts = (type) => {
    let response
    try{
        response = JSON.parse(request('GET',"https://www.
        reddit.com/r/subreddits/" + type + ".json?limit=10").getBody('utf8'))
    }catch(err) {
        response = { message: "Something went wrong" ,
        errorCode: err['statusCode'] }
    }
    return response
}
```

getTopTenSubRedditPosts 함수는 단순히 URL을 찾아 응답을 가져온다. Reddit API를 가져오는 데 문제가 있다면 다음과 같은 형태로 사용자 응답을 다시 보낸다.

```
. . .
response = { message: "Something went wrong" , errorCode: err['statusCode'] }
. . .
```

API를 다음과 같이 호출하면

```
getTopTenSubRedditPosts('new')
```

다음 포맷으로 응답을 다시 받는다.

```
{"kind": "Listing", "data": {"modhash": "", "children": [],
"after": null, "before": null}}
```

여기서 children 속성은 다음과 같은 JSON 객체의 배열을 가진다.

```
"{
    "kind": "Listing",
    "data": {
        "modhash": "",
        "children": [
            {
```

```
            "kind": "t3",
            "data": {
                . . .
                "url": "https://twitter.com/malyw/
                status/780453672153124864",
                "title": "ES7 async/await landed in Chrome",
                . . .
            }
        }
    ],
    "after": "t3_54lnrd",
    "before": null
    }
}"
```

응답에서 URL과 title이 있는 JSON 객체의 배열을 반환해야 한다. test와 같은 유효하지 않은 subreddit 형태를 getTopTenSubRedditPosts로 전달한다면 data와 children 속성이 없는 에러 응답을 반환한다는 점을 기억하자.

여기서의 MayBe는 리스트 8-11과 같이 구현할 수 있다.

리스트 8-11. MayBe를 사용해 톱 10 SubReddit 게시물 가져오기

```
// 우리의 라이브러리에 있는 arrayUtils
import {arrayUtils} from '../lib/es8-functional.js'

let getTopTenSubRedditData = (type) => {
    let response = getTopTenSubRedditPosts(type);
    return MayBe.of(response).map((arr) => arr['data'])
        .map((arr) => arr['children'])
        .map((arr) => arrayUtils.map(arr,
        (x) => {
            return {
                title : x['data'].
                title,
```

```
                url : x['data'].url
            }
        }
    ))
}
```

getTopTenSubRedditData가 어떻게 동작하는지 살펴보자. 먼저 Reddit API 호출 결과를 MayBe.of(response)를 사용해 MayBe 문맥으로 감싼다. 그 후 MayBe의 map을 사용해 여러 함수를 실행한다.

```
. . .
.map((arr) => arr['data'])
.map((arr) => arr['children'])
. . .
```

이는 응답 구조에서 children 배열 객체를 반환한다.

```
{"kind": "Listing", "data": {"modhash": "", "children":
[ . . . .], "after": null, "before": null}}
```

다음과 같이 마지막 map에서 ArrayUtil의 map을 사용해 children 속성을 반복하고, 필요에 따라 title과 URL만 반환한다.

```
. . .
.map((arr) =>
    arrayUtils.map(arr,
   (x) => {
    return {
        title : x['data'].title,
        url : x['data'].url
    }
```

```
  }
...
```

이제 다음과 같이 new로 유효한 Reddit 이름으로 함수를 호출한다.

```
getTopTenSubRedditData('new')
```

그러면 다음과 같이 응답한다.

```
MayBe {
  value:
    [ { title: '/r/UpliftingKhabre - The subreddit for uplifting
    and positive stories from India!',
        url: 'https://www.reddit.com/r/' },
      { title: '/R/JerkOffToCelebs - The Best Place To Off To
    Your Fave Celebs',
        url: 'https://www.reddit.com/r/' },
      { title: 'Angel Vivaldi channel',
        url: 'https://qa1web-portal.immerss.com/angel-vivaldi/
        angel-vivaldi' },
      { title: 'r/test12 - Come check us out for INSANE',
        url: 'https://www.reddit.com/r/' },
      { title: 'r/Just - Come check us out for GREAT',
        url: 'https://www.reddit.com/r/just/' },
      { title: 'r/Just - Come check us out for GREAT',
        url: 'https://www.reddit.com/r/just/' },
      { title: 'How to Get Verified Facebook',
        url: 'http://imgur.com/VffRnGb' },
      { title: '/r/TrollyChromosomes - A support group for those
        of us whose trollies or streetcars suffer from chronic
        genetic disorders',
        url: 'https://www.reddit.com/r/trollychromosomes' },
      { title: 'Yemek Tarifleri Eskimeyen Tadlarımız',
```

```
        url: 'http://otantiktad.com/' },
    { title: '/r/gettoknowyou is the ultimate socializing subreddit!',
        url: 'https://www.reddit.com/r/subreddits/
        comments/50wcju/rgettoknowyou_is_the_ultimate_
        socializing/' } ] }
```

참고

이 응답은 실행할 때마다 달라지니 독자의 환경에 따라 다를 수 있다.

---

getTopTenSubRedditData 메서드의 미학은 논리 흐름에서 null/undefined 에러의 원인이 될 수 있는 원치 않는 입력을 다룰 수 있다는 점이다. 누군가 잘못된 Reddit 형태로 getTopTenSubRedditData를 호출하면 어떻게 될까? Reddit에서 JSON 응답을 반환하게 된다.

```
{ message: "Something went wrong" , errorCode: 404 }
```

즉, data(children 속성)는 비어있다. 잘못된 Reddit형을 전달해 어떤 응답이 오는지 살펴보자.

```
getTopTenSubRedditData('new')
```

이 호출은 다음과 같이 반환한다.

```
MayBe { value: null }
```

에러를 던지지 않는다. map 함수가 응답에서 data를 얻으려 해도(이 경우에는 존재하지 않음) MayBe.of(null)을 반환해서 해당 map이 전달된 함수를 적용하지 않는다.

MayBe가 모든 undefined/null 에러를 쉽게 다룰 수 있다는 것을 확실하게 알았다. getTopTenSubRedditData는 매우 선언적으로 보인다.

이것이 MayBe 함수자다. 다음 절에서는 Either이라는 또 다른 함수자를 살펴본다.

Either 함수자

이 절에서는 새로운 함수자인 Either를 만들어 분기[branching-out] 문제를 해결한다. 문맥을 살펴보고 앞 절의 예제(리스트 8-9)를 다시 알아보자.

```
MayBe.of("George")
    .map(() => undefined)
    .map((x) => "Mr. " + x)
```

이 코드는 다음 결과를 반환한다.

```
MayBe {value: null}
```

원하는 결과가 출력됐다. 하지만 어떤 분기(앞선 map 호출 두 개)가 undefined 및 null 값에 부합하지 않는지 궁금하다. MayBe로 간단하게 이 문제에 답할 수 없다. 유일한 방법은 일일이 MayBe의 분기를 파고들어 문제점을 찾는 것이다. 이는 MayBe가 결점이 있다는 의미가 아닌데, 사용자 입장에서는 MayBe보다 더 좋은 함수자가 필요하다(대부분 중첩된 map이 많을 때 그렇다). 이것이 Either가 필요한 이유다.

Either 구현

Either는 위 문제를 해결할 것이다. 이제 Either를 구현해보자(리스트 8-12).

```javascript
const Nothing = function(val) {
    this.value = val;
};

Nothing.of = function(val) {
    return new Nothing(val);
};

Nothing.prototype.map = function(f) {
    return this;
};

const Some = function(val) {
    this.value = val;
};

Some.of = function(val) {
    return new Some(val);
};

Some.prototype.map = function(fn) {
    return Some.of(fn(this.value));
}
```

위 구현에는 Some과 Nothing이라는 두 함수가 있다. Some 함수는 Container를 이름만 바꿔 복사한 것이다. 흥미로운 부분은 Nothing이다. Nothing 또한 Container인데, 이 map은 주어진 함수를 실행하지 않고 오히려 반환한다.

```javascript
Nothing.prototype.map = function(f) {
    return this;
};
```

다시 말해 Some에서는 함수를 실행하는데, Nothing에서는 실행하지 않는다(기술적인 부분은 아니다). 간단한 예제를 살펴보자.

```
Some.of("test").map((x) => x.toUpperCase())
=> Some {value: "TEST"}

Nothing.of("test").map((x) => x.toUpperCase())
=> Nothing {value: "test"}
```

위 코드에서 보듯이 Some에서 map을 호출하면 전달된 함수를 실행한다. 하지만 Nothing에서는 동일한 값인 test를 반환하기만 한다. 이 두 객체를 리스트 8-13처럼 Either 객체로 감싼다.

리스트 8-13. Either 정의

```
const Either = {
    Some : Some,
    Nothing: Nothing
}
```

Some과 Nothing이 어디에 사용되는지 궁금할 것이다. 이를 이해하려면 MayBe의 Reddit 예제 버전을 다시 살펴보자.

Reddit 예제 Either 버전

Reddit 예제(리스트 8-11)의 MayBe 버전 예제는 다음과 같다.

```
let getTopTenSubRedditData = (type) => {
    let response = getTopTenSubRedditPosts(type);
    return MayBe.of(response).map((arr) => arr['data'])
                             .map((arr) => arr['children'])
```

```
                         .map((arr) => arrayUtils.map(arr,
                             (x) => {
                                 return {
                                     title : x['data'].
                                     title,
                                     url : x['data'].url
                                 }
                             }
                         }
            ))
        }
```

잘못된 Reddit형, 예컨대 unknown을 전달해보자.

```
getTopTenSubRedditData('unknown')
=> MayBe {value : null}
```

그러면 MayBe에서 null 값이 돌아오는데, 왜 null이 반환됐는지 이유를 알 수 없다.
getTopTenSubRedditData가 응답을 얻고자 getTopTenSubRedditPosts를 사용한다
는 것을 알고 있다. 이제 Either가 준비됐으므로 리스트 8-14처럼 Either를 사용해
getTopTenSubRedditPosts의 새로운 버전을 생성할 수 있다.

리스트 8-14. Either를 사용해 톱 10 Subreddit 가져오기

```
let getTopTenSubRedditPostsEither = (type) => {

    let response
    try{
        response = Some.of(JSON.parse(request('GET',
        "https://www.reddit.com/r/subreddits/" + type +
        ".json?limit=10").getBody('utf8')))
    }catch(err) { response = Nothing.of({ message:
        "Something went wrong" , errorCode: err['statusCode'] })
    }
```

```
        return response
    }
```

적절한 응답은 **Some**으로 감싸고, 에러 응답은 **Nothing**으로 감쌌다. 이제 여기서 Reddit API를 리스트 8-15와 같은 코드로 변경할 수 있다.

리스트 8-15. Either를 사용해 톱 10 Subreddit 가져오기

```
let getTopTenSubRedditDataEither = (type) => {
    let response = getTopTenSubRedditPostsEither(type);
    return response.map((arr) => arr['data'])
                   .map((arr) => arr['children'])
                   .map((arr) => arrayUtils.map(arr,
                     (x) => {
                         return {
                             title : x['data'].
                             title,
                             url : x['data'].url
                         }
                     }
    ))
}
```

이 코드는 문자 그대로 **MayBe** 버전인데, **MayBe**를 사용하지 않고 **Either**의 형태를 사용한다.

이제 새로운 API를 잘못된 **Reddit** 데이터형으로 호출해보자.

```
getTopTenSubRedditDataEither('new2')
```

다음과 같이 반환된다.

```
Nothing { value: { message: 'Something went wrong', errorCode: 404 }}
```

아주 훌륭하다. 이제 여기서의 Either형으로 분기가 왜 실패했는지 정확히 알 수 있다. 예상했듯이 getTopTenSubRedditPostsEither는 에러의 경우(예, unknown Reddit형) Nothing을 반환한다. 따라서 getTopTenSubRedditDataEither의 매핑은 Nothing형이므로 절대 발생하지 않는다. 이전의 에러 메시지에서 어떻게 Nothing이 도움을 주고 함수가 매핑되는 것을 막는지 알 수 있다.

마지막 부분에서는 유효한 Reddit형의 새로운 버전을 알아본다.

```
getTopTenSubRedditDataEither('new')
```

Some에서 원하는 응답을 반환한다.

```
Some {
    value:
    [ { title: '/r/UpliftingKhabre - The subreddit for uplifting
        and positive stories from India!',
        url: 'https://www.reddit.com/r/ },
      { title: '/R/ - The Best Place To Off To Your Fave,
        url: 'https://www.reddit.com/r/ },
      { title: 'Angel Vivaldi channel',
        url: 'https://qa1web-portal.immerss.com/angel-vivaldi/
        angel-vivaldi' },
      { title: 'r/test12 - Come check us out for INSANE',
        url: 'https://www.reddit.com/r/ /' },
      { title: 'r/Just - Come check us out for',
        url: 'https://www.reddit.com/r/just/' },
      { title: 'r/Just - Come check us out for',
        url: 'https://www.reddit.com/r/' },
      { title: 'How to Get Verified Facebook',
```

```
      url: 'http://imgur.com/VffRnGb' },
  { title: '/r/TrollyChromosomes - A support group for those
    of us whose trollies or streetcars suffer from chronic
    genetic disorders',
    url: 'https://www.reddit.com/r/trollychromosomes' },
  { title: 'Yemek Tarifleri Eskimeyen Tadlarımız',
    url: 'http://otantiktad.com/' },
  { title: '/r/gettoknowyou is the ultimate socializing
    subreddit!',
    url: 'https://www.reddit.com/r/subreddits/comments/50wcju/
    rgettoknowyou_is_the_ultimate_socializing/' } ] }
```

이것이 Either다.

참고

자바 경험이 있다면 Either는 자바8의 Optional과 유사함을 알 수 있다. 사실 Optional은 함수
자다.

주의할 단어: 포인팅된 함수자

8장을 마무리하기 전에 좀 더 확실히 살펴보자. 8장의 시작 부분에서 Container를
생성할 때 new 키워드를 피하고자 of 메서드를 생성했다. MayBe와 Either도 마찬가지
로 동일하다. 다시 상기해보면 함수자는 map 컨트랙트를 가진 인터페이스다. 포인팅
된 함수자^{pointed functor}는 함수자의 일종으로 of 컨트랙트를 가진 인터페이스다.

이후 디자인한 부분을 포인팅된 함수자라고 부른다. 이 용어는 이 책에서만 사용하는
데, 실제 세계에서 더 중요한 문제를 해결하는 함수자 및 포인팅된 함수자를 살펴봐야
할 것이다.

요약

8장에서는 함수형 프로그래밍 세계에서 예외를 어떻게 다룰지 질문하며 시작했다. 또한 간단한 함수자를 생성해봤다. map 함수를 구현해 컨테이너로 함수자도 정의했다. 이후 MayBe라는 함수자를 구현했다. 어떻게 MayBe가 귀찮은 null/undefined 확인을 없애며 도와주는지 살펴봤다. MayBe는 함수형 및 선언형 방법으로 코드를 작성할 수 있도록 한다. 이후 Either가 분기할 때 에러 메시지를 어떻게 저장하며 도와주는지 살펴봤다. Either는 단순히 Some과 Nothing의 최상위형이다. 이제 함수자를 실제로 사용해보자.

모나드

8장에서 함수자가 무엇이고 어떻게 사용할 수 있는지 살펴봤다. 9장에서는 함수자를 계속해서 살펴보며, 새로운 함수자인 모나드^{monad}를 알아본다. 이 용어를 어려워하지 말자. 모나드는 이해하기 쉬운 개념이다.

검색 쿼리에서 Reddit 댓글을 나타내고 검색하는 문제로 시작해본다. 처음에 함수자를 사용하며, 특히 MayBe 함수자를 사용해 문제를 해결한다. 하지만 이 문제를 해결할 때 MayBe 함수자에 몇 가지 문제가 발생한다. 따라서 특별한 형태의 함수자인 모나드를 생성하며 해결해본다.

참고

9장의 예제와 라이브러리 소스코드는 chap09 브랜치에 있다. 저장소의 URL은 https://github.com/antsmartian/functional-es8.git이다.

코드를 확인한 후 chap09 브랜치를 확인해보자.

```
...
git checkout -b chap09 origin/chap09
...
```

코드를 실행한 후 다음 명령어를 실행한다.

```
...
npm run playground
...
```

검색 쿼리용 Reddit 댓글 가져오기

8장에서 Reddit API를 사용해 시작했다. 이 절에서는 마찬가지로 Reddit API를 사용하며, 쿼리로 게시물을 검색하고 각 검색 결과에서 댓글 목록을 가져와본다. 이 예제에서는 MayBe를 사용하는데, 8장에서 봤듯이 MayBe는 null/undefined 값을 걱정하지 않고 문제에 집중할 수 있게 한다.

참고

MayBe는 8장에서 살펴봤듯이 분기할 때 에러를 잡지 못하는 단점이 있으므로 현재 문제에서 Either 함수자를 사용하지 않는 이유가 궁금할 것이다. 사실 MayBe를 선택한 이유는 일을 간단하게 하기 위해서다. 앞으로 보겠지만 동일한 아이디어를 Either로도 확장할 것이다.

문제

해결책을 구현하기 전에 문제와 관련 Reddit API 엔드포인트를 살펴보자. 문제는 다음 두 단계를 가진다.

1. 특정 게시물과 댓글을 검색하려면 Reddit API 엔드포인트에 도달해야 한다.

```
https://www.reddit.com/search.json?q=<SEARCH_STRING>
```

SEARCH_STRING을 따라 전달한다. 예를 들어 'functional programming' 문자열을 다음과 같이 검색할 수 있다.

```
https://www.reddit.com/search.json?q=functional%20programming
```

리스트 9-1과 같은 결과가 나타난다.

리스트 9-1. Reddit 응답 구조

```
{ kind: 'Listing',
  data:
   { facets: {},
      modhash: ",
      children:
      [ [Object],
        [Object],
        [Object],
        [Object],
        [Object],
        [Object],
        . . .
        [Object],
        [Object] ],
      after: 't3_terth',
```

```
  before: null } }
```

각 children 객체는 다음과 같다.

```
{ kind: 't3',
    data:
        {    contest_mode: false,
             banned_by: null,
             domain: 'self.compsci',
             . . .
             downs: 0,
             mod_reports: [],
             archived: true,
             media_embed: {},
             is_self: true,
             hide_score: false,
             permalink: '/r/compsci/comments/3mecup/eli5_what_is_
             functional_programming_and_how_is_it/?ref=search_posts',
             locked: false,
             stickied: false,
             . . .
             visited: false,
             num_reports: null,
             ups: 134 } }
```

이러한 객체들은 검색 쿼리에 해당되는 결과를 나타낸다.

2. 검색 결과를 얻었으면 각 검색 결과의 댓글을 가져와야 한다. 어떻게 할까?
   앞에서 언급했듯이 각 children 객체가 검색 결과다. 이 객체들은 permalink
   라는 다음과 같은 필드를 가진다.

```
permalink: '/r/compsci/comments/3mecup/eli5_what_is_
functional_programming_and_how_is_it/?ref=search_posts',
```

위 URL로 이동해야 한다.

```
GET: https://www.reddit.com//r/compsci/comments/3mecup/eli5_
what_is_functional_programming_and_how_is_it/.json
```

이는 다음과 같이 댓글 배열을 반환한다.

```
[Object,Object,..,Object]
```

여기에서 각 `Object`는 댓글에 대한 정보를 제공한다.

댓글 객체를 얻은 후 `title`과 결과를 병합한 후 새로운 객체를 반환해야 한다.

```
{
    title : Functional programming in plain English,
    comments : [Object,Object,..,Object]
}
```

여기서 `title`은 첫 번째 단계에서 가져온 제목이다. 이제 문제를 이해했으므로 로직을 구현해보자.

첫 번째 단계 구현

이 절에서는 첫 번째 단계인 검색 쿼리에 따라 Reddit 검색 API 엔드포인트로 요청을 처리하는 해결책을 구현해본다. HTTP `GET` 호출을 사용해야 하므로, 8장에서 사용한 `sync-request` 모듈이 필요하다.

이 모듈을 가져와서 이후에 사용하기 위해 변수로 고정한다.

```
let request = require('sync-request');
```

request 함수로 Reddit 검색 API 엔드포인트에 HTTP **GET** 호출을 실행할 수 있다. 특정 함수로 검색 단계를 감싸 **searchReddit**라 해보자(리스트 9-2).

리스트 9-2. searchReddit 함수 정의

```
let searchReddit = (search) => {
    let response
    try{
        response = JSON.parse(request('GET',"https://www.reddit.
        com/search.json?q=" + encodeURI(search)).getBody('utf8'))
    } catch(err) {
        response = { message: "Something went wrong" ,
        errorCode: err['statusCode'] }
    }
    return response
}
```

이제 이 코드를 단계별로 살펴보자.

1. 다음과 같이 URL 엔드포인트 https://www.reddit.com/search.json?q=에 검색을 요청한다.

   ```
   response = JSON.parse(request('GET',"https://www.
   reddit.com/search.json?q=" + encodeURI(search)).
   getBody('utf8'))
   ```

   검색 문자열에서 특수 문자를 이스케이프 처리하기 위해 **encodeURI** 메서드를 사용했다.

2. 응답이 성공하면 값을 반환한다.

3. 에러의 경우 **catch** 블록 에러를 잡아 에러 코드를 가져와서 다음과 같이 에러 응답을 반환한다.

```
. . .
catch(err) {
    response = { message: "Something went wrong" ,
    errorCode: err['statusCode'] }
}
. . .
```

작은 함수를 사용해 다음과 같이 테스트한다.

```
searchReddit("Functional Programming")
```

다음과 같은 결과가 반환된다.

```
{ kind: 'Listing',
    data:
        { facets: {},
            modhash: ',
            children:
            [ [Object],
              [Object],
              [Object],
              [Object],
              [Object],
              [Object],
              [Object],
              [Object],
                 . . .
            after: 't3_terth',
                before: null } }
```

완벽하다. 1단계를 완료했다. 2단계를 구현해보자.

각 검색 children 객체에 두 번째 단계를 구현하기 위해 댓글의 목록을 얻으려면

permalink 값을 가져와야 한다. 주어진 URL에 대해 댓글 목록을 얻는 별도의 메서드를 작성할 수 있다. 이 메서드를 getComments라 한다. getCommets의 구현은 간단하며, 리스트 9-3과 같다.

리스트 9-3. getComments 함수 정의

```
let getComments = (link) => {
    let response
    try {
        response = JSON.parse(request('GET',"https://www.
        reddit.com/" + link).getBody('utf8'))
    } catch(err) {
        response = { message: "Something went wrong" ,
        errorCode: err['statusCode'] }
    }
    return response
}
```

getCommnets 구현은 searchReddit와 매우 유사하다. getComments가 어떤 일을 하는지 단계별로 살펴보자.

1. 주어진 link 값에 대해 HTTP GET을 호출한다. 예를 들어 다음과 같은 link 값이 전달된다고 가정하자.

   ```
   r/IAmA/comments/3wyb3m/we_are_the_team_working_on_
   react_native_ask_us/.json
   ```

   getComments는 다음 URL에 HTTP GET을 호출한다.

   ```
   https://www.reddit.com/r/IAmA/comments/3wyb3m/we_are_the_team_working_on
   _react_native_ask_us/.json
   ```

이 호출은 댓글 배열을 반환한다. 이전처럼 여기서는 다소 방어적이고, catch 블록의 getComments 메서드에서 어떤 에러든 잡는다. 마지막으로 response를 반환한다.

다음 link 값을 전달해 getComments를 빠르게 테스트한다.

```
r/IAmA/comments/3wyb3m/we_are_the_team_working_on_react_native_ask_us/.json

getComments('r/IAmA/comments/3wyb3m/we_are_the_team_working_on_react_native_ask_us/.json')
```

위 호출에서 다음과 같은 결과가 반환된다.

```
[ { kind: 'Listing',
    data: { modhash: ", children: [Object], after: null,
    before: null } },
  { kind: 'Listing',
    data: { modhash: ", children: [Object], after: null,
    before: null } } ]
```

이제 모든 API가 준비되면 결과를 병합할 차례다.

Reddit 호출 병합

지금까지 두 함수 searchReddit와 getComments(각각 리스트 9-2와 리스트 9-3)를 정의했는데, 해당 작업을 하고 앞 절에서 응답 반환을 살펴봤다. 다음 절에서는 좀 더 고수준의 함수를 작성해 검색 텍스트를 넣고, 두 함수를 사용해 목표를 달성해본다.

리스트 9-4처럼 mergeViaMayBe 함수를 생성해 호출한다.

```
let mergeViaMayBe = (searchText) => {

    let redditMayBe = MayBe.of(searchReddit(searchText))
    let ans = redditMayBe
        .map((arr) => arr['data'])
        .map((arr) => arr['children'])
        .map((arr) => arrayUtils.map(arr, (x) => {
            return {
                title : x['data'].title,
                permalink : x['data'].permalink
            }
        }
        ))
        .map((obj) => arrayUtils.map(obj, (x) => {
            return {
                title: x.title,
                comments: MayBe.of(getComments(x.
                    permalink.replace("?ref=search_posts",".
                    json")))
            }
        }));
    return ans;
}
```

검색 텍스트인 'functional programming'을 전달해 확인해보자.

```
mergeViaMayBe('functional programming')
```

이 호출을 실행하면 다음 결과를 출력한다.

```
MayBe {
    value:
```

```
[ { title: 'ELI5: what is functional programming and how is
it different from OOP',
       comments: [Object] },
   { title: 'ELI5 why functional programming seems to be "on
     the rise" and how it differs from OOP',
       comments: [Object] } ] }
```

참고

좀 더 명확한 구별을 위해 호출된 결과의 수를 줄였다. 기본적인 호출은 25개의 결과를 내며, mergeViaMayBe의 결과를 넣는 데는 몇 페이지가 필요하다. 지금부터 이 책에서는 최소한의 출력만 보여준다. 하지만 소스코드 예제는 25개의 모든 결과를 호출하고 출력한다.

이제 다시 돌아가 mergeViaMayBe 함수가 어떤 작업을 하는지 자세히 알아보자. 이 함수는 먼저 searchText 값으로 searchReddit를 호출한다. 이 호출의 결과는 MayBe로 래핑된다.

```
let redditMayBe = MayBe.of(searchReddit(searchText))
```

결과가 MayBe형 내부에 래핑되면 코드에서 보듯이 map에서 자유롭다.

검색 쿼리(searchReddit가 호출한다)를 다시 살펴보면 다음과 같은 구조로 결과를 다시 보낸다.

```
{ kind: 'Listing',
  data:
    { facets: {},
      modhash: ",
      children:
        [ [Object],
          [Object],
```

```
              [Object],
              [Object],
              [Object],
              [Object],
              . . .
              [Object],
              [Object] ],
          after: 't3_terth',
          before: null } }
```

permalink(children 객체 안에 있다)를 얻으려면 data.children으로 이동해야 한다. 다음 코드에서 설명한다.

```
redditMayBe
    .map((arr) => arr['data'])
    .map((arr) => arr['children'])
```

지금까지 children 배열을 다뤘는데, 각 children은 다음과 같은 구조인 객체를 갖고 있다.

```
{ kind: 't3',
    data:
        { contest_mode: false,
          banned_by: null,
          domain: 'self.compsci',
          . . .
          permalink: '/r/compsci/comments/3mecup/eli5_what_is_
          functional_programming_and_how_is_it/?ref=search_posts',
          locked: false,
          stickied: false,
          . . .
          visited: false,
```

```
        num_reports: null,
        ups: 134 } }
```

여기서 title과 permalink만 가져와야 하는데, 배열이므로 map 함수를 적용한다.

```
.map((arr) => arrayUtils.map(arr, (x) => {
    return {
        title : x['data'].title,
        permalink : x['data'].permalink
    }
  }
))
```

이제 title과 permalink를 모두 가졌으니 마지막 단계는 permalink를 가져와 getComments 함수에 전달해서 전달된 값에 해당하는 댓글 목록을 가져오는 것이다. 이는 다음 코드에서 볼 수 있다.

```
.map((obj) => arrayUtils.map(obj, (x) => {
    return {
        title: x.title,
        comments: MayBe.of(getComments(x.permalink.
        replace("?ref=search_posts",".json")))
    }
}));
```

getComments의 호출은 에러 값을 가져올 수 있으므로, MayBe 내부에서 다시 래핑할 수 있다.

```
. . .
    comments: MayBe.of(getComments(x.permalink.
    replace("?ref=search_posts",".json")))
```

. . .

참고

검색 결과에 getComments API 호출의 올바른 형식이 아닌 ?ref=search_posts 값이 추가될 때 permalink 값인 ?ref=search_posts를 .json으로 대체하고 있다.

이 모든 과정에서 MayBe형을 벗어나지 않았다. 모든 map 함수를 MayBe형에서 아무 걱정 없이 실행한다. MayBe로 문제를 훌륭하게 해결했다. 하지만 이런 방식으로 사용되는 MayBe 함수자에는 약간의 문제가 있다. 다음 절에서 알아보자.

중첩된/다양한 map의 문제

mergeViaMayBe 함수에서 MayBe의 map 호출 횟수를 계산하면 4번이다. map 호출 횟수를 왜 알아야 하는지 궁금할 것이다.

mergeViaMayBe에서처럼 많은 체인 map 호출 문제를 이해해보자. mergeViaMayBe에서 반환된 comments 배열을 얻기 원한다고 해보자. 다음과 같이 검색 텍스트 "functional programming"을 mergeViaMayBe 함수에 전달할 것이다.

```
let answer = mergeViaMayBe("functional programming")
```

호출된 후 다음과 같다.

```
MayBe {
    value:
        [ { title: 'ELI5: what is functional programming and how is
            it different from OOP',
          comments: [Object] },
```

```
        { title: 'ELI5 why functional programming seems to be "on
          the rise" and how it differs from OOP',
          comments: [Object] } ] }
```

이제 처리할 comments 객체를 가져와보자. 반환값은 MayBe이므로, 다음과 같이 map할
수 있다.

```
answer.map((result) => {
    //처리 결과
})
```

result(MayBe의 값이다)는 title과 comments를 가진 배열이므로 Array의 map을 사용
해 매핑할 수 있다.

```
answer.map((result) => {
    arrayUtils.map(result,(mergeResults) => {
        //mergeResults
    })
})
```

각 mergeResults는 객체인데, title과 comments를 갖고 있다. comments 또한 MayBe
다. 따라서 comments를 얻으려면 comments를 매핑해야 한다.

```
answer.map((result) => {
    arrayUtils.map(result,(mergeResults) => {
        mergeResults.comments.map(comment => {
            // 최종적으로 comment 객체를 얻는다.
        })
    })
})
```

comments 목록을 가져온 작업과 유사하다. 누군가 comments 목록을 얻으려고 mergeViaMayBe API를 사용한다고 해보자. 이미 살펴본 중첩된 map을 사용해 결과를 다시 보이는 게 번거로울 것이다. mergeViaMayBe를 좀 더 향상시킬 수 없을까? 할 수 있다. 모나드를 살펴보자.

join으로 문제 해결

앞 절에서는 MayBe 내부에서 원하는 결과를 가져오는 방법을 자세히 살펴봤다. 이러한 API를 작성하는 것은 도움이 되지 않지만, 오히려 다른 개발자들에게 자극을 줄 것이다. 이러한 심층적으로 중첩된 문제를 해결하기 위해 MayBe 함수자에 join을 추가해보자.

join 함수 구현

join 함수를 구현해보자. join 함수는 간단하며 리스트 9-5와 같다.

리스트 9-5. join 함수 정의

```
MayBe.prototype.join = function() {
    return this.isNothing() ? MayBe.of(null) : this.value;
}
```

join은 매우 간단하고 단순히 컨테이너 내부에 (값이 있다면) 값을 반환하며, 그렇지 않으면 MayBe.of(null)을 반환한다. join은 간단하지만 중첩된 MayBe를 풀 수 있다.

```
let joinExample = MayBe.of(MayBe.of(5))
=> MayBe { value: MayBe { value: 5 } }

joinExample.join()
=> MayBe { value: 5 }
```

예제에서 보듯이 중첩된 구조를 단일 층으로 벗겨낸다. 4라는 값을 MayBe인 joinExample에 추가한다고 해보자. 다음과 같이 한다.

```
joinExample.map((outsideMayBe) => {
    return outsideMayBe.map((value) => value + 4)
})
```

이 코드는 다음과 같이 반환된다.

```
MayBe { value: MayBe { value: 9 } }
```

값은 올바르더라도 결과를 얻고자 두 번 매핑됐다. 마찬가지로 얻은 결과는 중첩된 구조다. 이제 동일한 내용을 join으로 해보자.

```
joinExample.join().map((v) => v + 4)
=> MayBe { value: 9 }
```

매우 간단한 코드다. join으로 호출하면 값이 5인 내부 MayBe를 반환하며, 이를 마치면 map을 통해 실행해서 4라는 값을 더한다. 이제 평탄화된^{flatten} 구조를 가진 MayBe의 결과 값은 { value: 9 }다.

이제 join을 적용한 후 mergeViaMayBe에서 반환된 중첩된 구조의 단계를 조정해보자. 리스트 9-6처럼 코드를 변경한다.

리스트 9-6. join을 사용한 mergeViaMayBe

```
let mergeViaJoin = (searchText) => {
    let redditMayBe = MayBe.of(searchReddit(searchText))
    let ans = redditMayBe.map((arr) => arr['data'])
        .map((arr) => arr['children'])
        .map((arr) => arrayUtils.map(arr, (x) => {
```

```
                return {
                    title : x['data'].title,
                    permalink : x['data'].permalink
                }
            }
        ))
        .map((obj) => arrayUtils.map(obj, (x) => {
            return {
                title: x.title,
                comments: MayBe.of(getComments
                (x.permalink.replace("?ref=search_posts",".json"))).join()
            }
        }))
        .join()
    return ans;
}
```

보다시피 코드에 두 개의 join을 추가했다. 하나는 comments 섹션에 있으며 중첩된 MayBe를 생성하고, 다른 하나는 모든 map 연산 직후에 있다.

이제 mergeViaJoin을 사용해 결과와 comments 배열을 결과에서 가져오는 것과 동일한 로직을 구현해보자. 먼저 mergeViaJoin으로 반환되는 응답을 살펴보자.

```
mergeViaJoin("functional programming")
```

다음과 같이 반환된다.

```
[ { title: 'ELI5: what is functional programming and how is it different from OOP',
    comments: [ [Object], [Object] ] },
  { title: 'ELI5 why functional programming seems to be "on the
    rise" and how it differs from OOP',
    comments: [ [Object], [Object] ] } ]
```

기존 mergeViaMayBe에서의 결과와 비교해보자.

```
MayBe {
    value:
        [ { title: 'ELI5: what is functional programming and how is
        it different from OOP',
            comments: [Object] },
          { title: 'ELI5 why functional programming seems to be "on
            the rise" and how it differs from OOP',
            comments: [Object] } ] }
```

보다시피 join은 MayBe의 값을 받고 다시 돌려준다. 이제 처리 작업에 comments 배열을 어떻게 사용하는지 살펴보자. mergeViaJoin에서 반환된 값은 배열이므로, Arrays 맵을 사용해 매핑할 수 있다.

```
arrayUtils.map(result, mergeResult => {
    //mergeResult
})
```

이제 각 mergeResult 변수는 직접 title과 comments를 가진 객체를 가리킨다. getComments의 MayBe 호출에서 join을 호출했으므로, comments 객체는 배열이다. 이를 염두에 두고 반복할 때 comments의 목록을 얻으려면 mergeResult.comments를 호출해야 한다.

```
arrayUtils.map(result,mergeResult => {
    // mergeResult.comments는 comments 배열을 갖고 있다.
})
```

MayBe의 모든 이점과 처리하기 쉬운 결과를 반환할 수 있는 좋은 자료 구조를 얻었으므로 조짐이 좋다.

chain 구현

리스트 9-6의 코드를 살펴봤다. 알다시피 map 이후에는 항상 join을 호출해야 한다. 리스트 9-7처럼 chain이라는 메서드 내부에 이 로직을 감싸보자.

리스트 9-7. chain 함수 정의

```
MayBe.prototype.chain = function(f){
    return this.map(f).join()
}
```

chain은 여기에서 리스트 9-8처럼 함수 로직을 병합할 수 있다.

리스트 9-8. chain을 사용한 mergeViaMayBe

```
let mergeViaChain = (searchText) => {
    let redditMayBe = MayBe.of(searchReddit(searchText))
    let ans = redditMayBe.map((arr) => arr['data'])
        .map((arr) => arr['children'])
        .map((arr) => arrayUtils.map(arr, (x) => {
            return {
                title : x['data'].title,
                permalink : x['data'].permalink
        } }
    ))
    .chain((obj) => arrayUtils.map(obj, (x) => {
        return {
            title: x.title,
            comments: MayBe.of(getComments(x.
            permalink.replace("?ref=search_posts", ".json"))).join()
        }
    }))
    return ans;
}
```

출력은 chain을 통한 결과와 완전 동일하다. 이 함수를 이용해보자. 사실 여기서의 chain으로 comments의 횟수를 세는 로직을 리스트 9-9처럼 내부 연산으로 옮길 수 있다.

리스트 9-9. mergeViaChain 향상시키기

```
let mergeViaChain = (searchText) => {
    let redditMayBe = MayBe.of(searchReddit(searchText))
    let ans = redditMayBe.map((arr) => arr['data'])
        .map((arr) => arr['children'])
        .map((arr) => arrayUtils.map(arr, (x) => {
            return {
                title : x['data'].title,
                permalink : x['data'].permalink
            }
        }
    ))
        .chain((obj) => arrayUtils.map(obj, (x) => {
            return {
                title: x.title,
                comments: MayBe.of(getComments(x.
                permalink.replace("?ref=search_posts", ".json"))).chain(x => {
                    return x.length
                })
            }
        }))
    return ans;
}
```

이제 이 코드를 호출한다.

```
mergeViaChain("functional programming")
```

다음과 같이 반환된다.

```
[ { title: 'ELI5: what is functional programming and how is it
different from OOP',
    comments: 2 },
  { title: 'ELI5 why functional programming seems to be "on the
rise" and how it differs from OOP',
    comments: 2 } ]
```

해결책은 간단하지만, 모나드를 아직 살펴보지 못했다.

모나드

9장을 시작할 때 모나드를 알아보겠다고 약속한 이유가 궁금할 것인데, 모나드가 무엇인지 아직 정의하지 않았다. 모나드를 정의하지 않은 것은 유감이지만, 실제로 어디에 사용되는지는 살펴봤다(무엇인가?).

그렇다. 모나드는 chain 메서드를 갖는 함수자다. 즉, 이것이 모나드다. 이미 보다시피 가장 많이 사용한 MayBe 함수자를 chain(그리고 물론 join 함수에도)에 추가해 모나드로 만들었다.

함수자 예제를 통해 현재의 문제를 해결했고, 모나드를 사용하고 있음을 인지하지 못한 상태에서 모나드를 사용해 문제를 해결했다. 모나드에 숨겨진 의미를 보고자 이렇게 의도했다(함수자를 통해 문제를 해결했다). 모나드의 간단한 정의로 시작했지만, 모나드가 무엇인지만 알았지, 모나드가 왜 사용되는지는 몰랐다.

참고

MayBe가 모나드인지 함수자인지 혼동스러울 것이다. 헷갈리지 말자. of와 map만 갖는 MayBe는 함수자다. chain을 갖는 함수자는 모나드다.

요약

9장에서는 새로운 함수자인 모나드를 살펴봤다. 반복적인 map이 중첩된 값에 어떤 영향을 미치는지 살펴보고, 이는 이후 다루기 어려웠다. 새로운 함수로 chain을 소개했는데, MayBe의 데이터를 평탄화했다. chain으로 포인팅된 함수자를 모나드라 부르는 것을 봤다. 10장에서는 비동기 호출을 새로운 방법으로 살펴본다.

10장

제너레이터를 통한 정지,
재개, 비동기

함수를 간단히 정의하면서 이 책을 시작했으며, 이후 함수형 프로그래밍 기술을 사용해 작업에 함수를 어떻게 이용하는지 살펴봤다. 또한 배열, 객체, 에러 핸들링을 순수 함수형 용어로 살펴봤다. 꽤나 긴 여정이었는데, 자바스크립트 개발자가 항상 중요하게 생각하는 비동기 코드 기술은 아직 다루지 않았다.

프로젝트를 하면서 비동기 코드를 다뤄봤을 것이다. 함수형 프로그래밍이 비동기 코드에서 개발자에게 도움을 줄 수 있을지 궁금할 것이다. 대답은 '예'와 '아니오'다. 처음에 보여줄 기술은 ES6 제너레이터를 사용하며, 이후 ECMAScript 2017/ES8 명세에 추가된 Async/Await를 사용한다. 두 패턴 모두 동일한 콜백을 각자의 방법으로 해결하므로 미묘한 차이에 주의한다. 제너레이터는 ES6에서 함수의 새로운 스펙이다. 제너레이터는 실제 함수형 프로그래밍 기술은 아니지만, 함수의 한 부분이다(함수형 프로그래밍은 함수에 관한 것이다). 이러한 이유로 함수형 프로그래밍에 관련한 내용에 집중할 수 있었다.

프라미스^promise(콜백 문제를 해결하는 기술이다)에 관심이 많다면 10장을 살펴보길 권장한다. 제너레이터와 비동기 코드 문제를 해결하는 방법을 알게 될 것이다.

비동기 코드와 문제점

제너레이터가 무엇인지 살펴보기 전에 이 절에서는 자바스크립트에서 비동기를 다루는 문제를 알아보자. 콜백 지옥 문제callback hell problem를 살펴본다. 대부분의 비동기 코드 패턴은 제너레이터나 Async/Await를 사용해 각자의 방법으로 콜백 지옥 문제를 해결한다. 이것이 무엇인지 이미 알고 있다면 다음 절로 바로 넘어가자. 그렇지 않다면 살펴보자.

콜백 지옥

리스트 10-1과 같은 함수가 있다고 해보자.

리스트 10-1. 동기 함수

```
let sync = () => {
    // 특정 연산
    // 데이터 반환
}

let sync2 = () => {
    // 특정 연산
    // 데이터 반환
}

let sync3 = () => {
    // 특정 연산
    // 데이터 반환
}
```

함수 sync, sync1, sync2는 동일한 연산을 동기적으로 처리하고, 동일한 결과를 반환한다. 다음과 같이 함수를 호출할 수 있다.

```
result = sync()
result2 = sync2()
result3 = sync3()
```

연산이 비동기라면 어떻게 될까? 리스트 10-2를 살펴보자.

리스트 10-2. 비동기 함수

```
let async = (fn) => {
    // 특정 비동기 연산
    // 비동기 연산으로 콜백 호출
```

```
    fn(/* result data */)
}

let async2 = (fn) => {
    // 특정 비동기 연산
    // 비동기 연산으로 콜백 호출
    fn(/* result data */)
}

let async3 = (fn) => {
    // 특정 비동기 연산
    // 비동기 연산으로 콜백 호출
    fn(/* result data */)
}
```

동기와 비동기

동기(Synchronous)는 함수가 실행 중일 때 호출자(caller)를 블로킹하며, 호출자가 이용 가능할 때 결과를 반환한다.

비동기(Asynchronous)는 함수가 실행 중일 때 호출자를 블로킹하지 않지만, 호출자가 이용할 수 있다면 결과를 반환한다.

비동기는 프로젝트에서 Ajax를 요청할 때 자세히 다룬다.

이제 누군가 이 함수들을 한 번에 처리하고 싶다면 어떻게 해야 할까? 이를 처리하는 유일한 방법은 리스트 10-3에 나와 있다.

리스트 10-3. 비동기 함수 호출 예제

```
async(function(x){
    async2(function(y){
        async3(function(z){
            ...
        });
```

```
        });
    });
```

아차! 리스트 10-3에서 많은 콜백 함수를 async 함수에 전달했다. 이 작은 코드는 콜백 지옥이 무엇인지 보여준다. 콜백 지옥은 프로그램을 이해하기 더 어렵게 만든다. 에러 핸들링이나 콜백과 관련 없는 여러 에러가 겹치는 것은 까다롭고 더 많은 에러를 만든다.

ES6를 살펴보기 전에 자바스크립트 개발자는 프라미스^{Promises}를 사용해 이런 문제를 해결하려 한다. 프라미스는 훌륭하지만, 현재 언어 수준에서 ES6가 소개하는 제너레이터라면 프라미스는 더 이상 필요 없다.

제너레이터의 기본

언급했다시피 제너레이터는 ES6 명세의 한 종류로 언어 수준에서 함께 묶여있다. 이 절에서는 제너레이터를 사용해 비동기 코드를 다루는 방법을 설명한다. 하지만 그전에 제너레이터의 기본을 살펴보자. 이번 절에서는 제너레이터에 숨겨진 핵심 개념을 살펴본다. 기본적인 것을 알아본 후 제너레이터를 사용해 제너릭 함수를 생성하며, 라이브러리에서 비동기 코드를 다뤄본다. 시작해보자.

제너레이터 생성

첫 번째로 제너레이터를 어떻게 생성하는지 살펴보자. 제너레이터는 자체 문법으로 구성된 함수일 뿐이다. 간단한 제너레이터는 리스트 10-4와 같다.

리스트 10-4. 첫 번째 간단한 제너레이터

```
function* gen() {
    return 'first generator';
}
```

리스트 10-4의 함수 **gen**은 제너레이터다. 언급했듯이 함수 이름(gen) 앞에 별표가 있는데, 제너레이터 함수임을 나타낸다. 제너레이터를 어떻게 생성하는지 살펴봤는데, 이제 제너레이터를 불러와보자.

```
let generatorResult = gen()
```

generatorResult의 결과는 무엇일까? **'first generator'** 값을 출력할까? 이를 콘솔에 출력해보고 살펴보자.

```
console.log(generatorResult)
```

다음과 같이 출력된다.

```
gen {[[GeneratorStatus]]: "suspended", [[GeneratorReceiver]]: Window}
```

제너레이터의 경고

앞 예제는 제너레이터와 해당 인스턴스를 어떻게 생성하고 값을 얻는지 보여준다. 하지만 제너레이터로 작업하는 동안 살펴볼 몇 가지 중요한 사항이 있다.

첫 번째는 제너레이터에서 값을 얻어야 하므로 **next**를 여러 번 호출할 수 없다는 점이다. 명확히 하기 위해 첫 번째 제너레이터에서 **value**를 가져와보자(첫 번째 제너레이터 정의는 리스트 10-4를 참고하자).

```
let generatorResult = gen()

// 첫 번째
generatorResult.next().value
=> 'first generator'

// 두 번째
generatorResult.next().value
=> undefined
```

이 코드에서 보듯이 next를 두 번째로 호출하면 'first generator'가 아닌 undefined를 반환한다. 이는 제너레이터가 시퀀스와 유사하기 때문이다. 시퀀스의 값은 사용되면 다시 사용할 수 없다. 이 경우 generatorResult는 first generator를 값으로 갖는 시퀀스다. next의 첫 번째 호출에서는 시퀀스에서 값을 사용한다(제너레이터의 호출자를 이용한다). 이제 시퀀스는 비었으므로, 두 번째 호출은 undefined를 반환한다.

시퀀스를 다시 사용하려면 또 다른 제너레이터 인스턴스를 생성해야 한다.

```
let generatorResult = gen()
let generatorResult2 = gen()

// 첫 번째 시퀀스
generatorResult.next().value
=> 'first generator'

// 두 번째 시퀀스
generatorResult2.next().value
=> 'first generator'
```

마찬가지로 이 코드는 제너레이터의 각 인스턴스가 서로 다른 상태임을 보여준다. 각 제너레이터의 상태는 next 함수를 어떻게 호출하는지에 달려있다.

yield 키워드

제너레이터 함수에는 yield라는 새로운 키워드가 있다. 이 절에서는 제너레이터 함수 내부에서 yield를 어떻게 사용하는지 살펴본다. 리스트 10-5의 코드로 시작해보자.

리스트 10-5. 간단한 제너레이터 시퀀스

```
function* generatorSequence() {
    yield 'first';
    yield 'second';
    yield 'third';
}
```

일반적으로 다음 코드처럼 제너레이터 인스턴스를 생성할 수 있다.

```
let generatorSequence = generatorSequence();
```

이제 첫 번째 next를 호출하면 first 값을 돌려받는다.

```
generatorSequence.next().value
=> first
```

next를 한 번 더 호출하면 어떻게 될까? first를 출력할까 second를 출력할까? third 를 출력할까? 에러가 발생될까? 살펴보자.

```
generatorSequence.next().value
=> second
```

second 값을 출력한다. 왜 그럴까? yield는 제너레이터 함수의 실행을 중지시키고 호출자에게 결과를 다시 보낸다. 따라서 generatorSequence를 첫 번째 호출할 때 함수는 first 값을 가진 yield를 볼 수 있고, 함수를 정지 모드로 하며 값을 반환한다

(그리고 마찬가지로 정확히 정지되는 곳을 기억한다). 다음번에 **generatorSequence**를 호출하면(동일한 인스턴스 변수를 사용한다) 제너레이터 함수는 정지된 곳에서 재개된다. 이 함수는 다음 줄에서 정지되기 때문이다.

```
yield 'first';
```

두 번째 호출을 하면(동일한 인스턴스 변수를 사용한다) **second** 변수를 다시 돌려받는다. 세 번째 호출하면 어떻게 될까? 그렇다. **third** 값을 출력한다.

이는 그림 10-1에 잘 설명돼 있다. 이 시퀀스는 리스트 10-6의 코드를 통해 살펴본다.

리스트 10-6. 제너레이터 시퀀스 호출하기

```
// 제너레이터 인스턴스 변수를 얻는다.
let generatorSequenceResult = generatorSequence();

console.log('First time sequence value',generatorSequenceResult.next().value)
console.log('Second time sequence value',generatorSequenceResult.next().value)
console.log('third time sequence value',generatorSequenceResult.next().value)
```

다음과 같이 콘솔에 출력된다.

```
First time sequence value first
Second time sequence value second
third time sequence value third
```

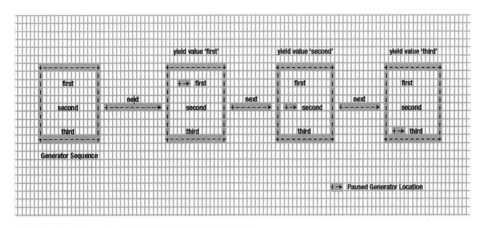

그림 10-1. 리스트 10-4에 열거된 제너레이터의 시각화

이를 이해하면 왜 값에서 제너레이터 시퀀스를 호출했는지 알 수 있다. 여기서 한 가지 더 알아야 할 중요한 부분은 yield를 가진 모든 제너레이터는 느긋한 계산법^{lazy} 순서로 실행된다는 점이다.

느긋한 계산법

느긋한 계산법이란 무엇일까? 간단히 설명하자면 코드가 실행하려고 요청할 때까지는 실행되지 않는 것을 의미한다. 예상했듯이 generatorSequence 함수의 예제는 제너레이터가 느긋한 계산 법임을 보여준다. 이 값은 요청할 때에만 실행되고 반환된다. 제너레이터에 대해 매우 느긋하다. 그렇지 않은가?

제너레이터의 done 속성

지금까지 yield 키워드를 통해 제너레이터가 느긋하게 시퀀스 값을 어떻게 생성하는 지 살펴봤다. 제너레이터는 n개의 시퀀스를 생성할 수 있는데, 제너레이터 함수의 사용자로서 next 호출이 정지됐음을 어떻게 알 수 있을까? 이미 사용한 제너레이터 시퀀스에서 next를 호출하면 undefined 값을 반환하기 때문에 알 수 있다. 이 상황을 어떻게 다룰 것인가? 여기에서 done 속성이 필요하다.

next 함수를 호출할 때마다 다음과 같은 객체를 반환한다는 점을 기억하자.

```
{value: 'value', done: false}
```

value는 제너레이터에서 온 값이지만, done은 어떨까? done은 제너레이터 시퀀스가 전부 사용됐는지 아닌지 말해주는 속성이다.

앞 절(리스트 10-4)의 코드를 다시 실행해보며, next 호출에서 반환된 객체를 출력한다.

리스트 10-7. done 속성을 이해하기 위한 코드

```
// 제너레이터 인스턴스 변수를 얻는다.
let generatorSequenceResult = generatorSequence();

console.log('done value for the first time', generatorSequenceResult.next())
console.log('done value for the second time', generatorSequenceResult.next())
console.log('done value for the third time', generatorSequenceResult.next())
```

위 코드를 실행하면 다음과 같이 출력된다.

```
done value for the first time { value: 'first', done: false }
done value for the second time { value: 'second', done: false }
done value for the third time { value: 'third', done: false }
```

보다시피 제너레이터 시퀀스의 모든 값을 사용했으므로, next를 다시 호출하면 다음과 같이 객체가 반환된다.

```
console.log(generatorSequenceResult.next())
=> { value: undefined, done: true }
```

이제 done 속성은 제너레이터 시퀀스가 완전히 사용됐음을 확실히 알려준다. done이 true일 때 제너레이터 인스턴스에서는 next 호출을 멈춰야 한다. 그 과정을 그림 10-2에서 잘 보여준다.

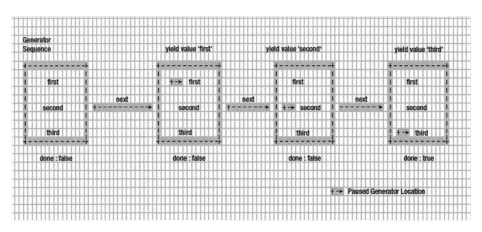

그림 10-2. generatorSequence의 done 속성 시각화

제너레이터가 ES6의 핵심 부분이 됐으므로, 제너레이터를 반복할 수 있는 **for** 루프가 있다(결국 시퀀스다).

```
for(let value of generatorSequence())
    console.log("for of value of generatorSequence is",value)
```

이 코드는 다음과 같이 출력된다.

```
for of value of generatorSequence is first
for of value of generatorSequence is second
for of value of generatorSequence is third
```

특히 제너레이터의 **done** 속성을 사용해 반복할 수 있다.

제너레이터에 데이터 전달

이 절에서는 제너레이터에 데이터를 전달하는 방법을 알아본다. 제너레이터에 데이터를 전달하는 것은 처음에는 헷갈리겠지만, 비동기 프로그래밍을 쉽게 만들어준다.

리스트 10-8의 코드를 살펴보자.

리스트 10-8. 제너레이터에 데이터 전달 예제

```
function* sayFullName() {
    var firstName = yield;
    var secondName = yield;
    console.log(firstName + secondName);
}
```

이 코드는 이제 놀랍지 않을 것이다. 이 코드를 사용해 제너레이터에 데이터를 전달하는 개념을 알아보자. 항상 그렇듯이 제너레이터 인스턴스를 먼저 생성한다.

```
let fullName = sayFullName()
```

제너레이터 인스턴스가 생성된 후 여기에 next를 호출해보자.

```
fullName.next()
fullName.next('anto')
fullName.next('aravinth')
=> anto aravinth
```

이 코드에서 마지막 호출은 'anto aravinth'라고 콘솔에 출력된다. 이 결과에 혼동스러울 것인데, 좀 더 천천히 살펴보자. 다음과 같이 첫 번째 next를 호출하면

```
fullName.next()
```

이 코드는 반환하고 다음 줄에서 멈춘다.

```
var firstName = yield;
```

yield를 통해 어떠한 값도 다시 보내지 않기 때문에 next는 undefined 값을 반환한다. 두 번째 next 호출에서는 재미있는 일이 발생한다.

```
fullName.next('anto')
```

여기에서 anto 값을 next 호출에 전달한다. 이제 제너레이터는 이전에 정지된 상태에서 재개된다. 이전에 정지된 부분은 다음과 같다.

```
var firstName = yield;
```

anto 값을 이 호출로 전달했으므로, yield는 anto로 대체되며, firstName은 anto 값을 갖고 있다. 값이 firstName으로 지정된 후 실행할 때 다시 재개돼 (이전에 정지된 상태에서부터) yield가 보이며, 다음 줄에서 정지된다.

```
var secondName = yield;
```

이제 다음과 같이 세 번째로 next를 호출하면

```
fullName.next('aravinth')
```

제너레이터는 정지된 위치부터 다시 재개된다. 이전에 정지된 곳은 다음과 같다.

```
var secondName = yield;
```

따라서 이전에 next 호출에 전달된 값 aravinth는 yield로 대체되며, aravinth는 secondName으로 지정된다. 이후 제너레이터는 다행히 실행을 재개하며, 다음과 같은 상태로 넘어간다.

```
console.log(firstName + secondName);
```

여기에서 firstName은 anto이고 secondName은 aravinth이며, 따라서 콘솔에 anto aravinth라고 출력된다. 전체 과정은 그림 10-3을 참고하자.

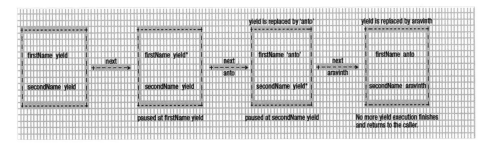

그림 10-3. 어떻게 데이터가 sayFullName 제너레이터에 전달되는지 보여준다.

이러한 접근이 왜 필요한지 궁금할 것이다. 데이터 전달에 제너레이터를 사용하면 매우 강력하기 때문이다. 다음 절에서는 이 기술을 비동기 호출과 함께 다뤄본다.

비동기 호출 조작에 제너레이터 사용

이 절에서는 실제 세계에서 제너레이터를 사용해본다. 제너레이터에 데이터를 전달해 비동기 호출을 어떻게 강력히 다루는지 살펴본다. 이 절에서는 여러모로 재미있을 것이다.

비동기용 제너레이터: 간단한 경우

이 절에서 비동기 코드 조작에 제너레이터를 어떻게 사용하는지 알아본다. 비동기 문제를 해결하는 데 여러 방식으로 제너레이터를 사용할 것이므로, 이러한 부분을 간단히 하고자 setTimeout 호출로 비동기 호출을 모방해본다.

리스트 10-9처럼 두 함수가 있다고 해보자(본질적으로 비동기다).

리스트 10-9. 간단한 비동기 함수

```
let getDataOne = (cb) => {
    setTimeout(function(){
        // 콜백 호출
        cb('dummy data one')
    }, 1000);
}

let getDataTwo = (cb) => {
    setTimeout(function(){
        // 콜백 호출
        cb('dummy data two')
    }, 1000);
}
```

이 두 함수 모두 setTimeout으로 비동기 코드를 모방한다. 원하는 시간이 흐른 후 setTimeout은 각각 'dummy data one'과 'dummy data two'인 전달된 콜백 cb를 호출한다. 먼저 제너레이터 없이 두 함수를 어떻게 호출하는지 살펴보자.

```
getDataOne((data) => console.log("data received",data))
getDataTwo((data) => console.log("data received",data))
```

이 코드는 1,000ms 이후 다음과 같이 출력된다.

```
data received dummy data one
data received dummy data two
```

이제 말했다시피 콜백을 전달해 응답을 받는다. 비동기 코드에서 콜백 지옥이 얼마나 좋지 않은지 말했었다. 지금까지 배운 제너레이터 지식을 바탕으로 현재 문제를 해결해보자. 이제 데이터 전달에 필요한 콜백보다는 제너레이터 인스턴스를 사용하도록 getDataOne과 getDataTwo 두 함수를 변경한다.

먼저 getDataOne(리스트 10-8) 함수를 변경해 리스트 10-10처럼 만들어보자.

리스트 10-10. 제너레이터를 사용하고자 getDataOne 변경하기

```
let generator;
let getDataOne = () => {
    setTimeout(function(){
        // 제너레이터를 호출하고
        // next를 통해 데이터를 전달한다.
        generator.next('dummy data one')
    }, 1000);
}
```

다음과 같은 콜백 코드가 있다.

```
...
cb('dummy data one')
...
```

위 코드를 다음처럼 변경했다.

```
generator.next('dummy data one')
```

간단하게 바꿨다. 이 경우 cb도 제거했다. **getDataTwo**(리스트 10-8)도 마찬가지로 리스트 10-11처럼 변경한다.

리스트 10-11. 제너레이터를 사용하고자 getDataTwo 변경하기

```
let getDataTwo = () => {
    setTimeout(function(){
        // 제너레이터를 호출하고
        // next를 통해 데이터를 전달한다.
        generator.next('dummy data two')
    }, 1000);
}
```

여기서 변경된 새로운 코드를 테스트하고 실행해보자. **getDataOne**과 **getDataTwo** 호출을 리스트 10-12처럼 분리된 제너레이터 내부에 감싼다.

리스트 10-12. main 제너레이터 함수

```
function* main() {
    let dataOne = yield getDataOne();
    let dataTwo = yield getDataTwo();
    console.log("data one",dataOne)
    console.log("data two",dataTwo)
}
```

이제 **main** 코드는 앞 절에서 다룬 **sayFullName**과 매우 비슷하다. **main**에 대한 제너레이터 인스턴스를 생성하고 next 호출을 발생시켜 어떻게 되는지 살펴보자.

```
generator = main()
generator.next();
```

다음과 같이 콘솔에 출력된다.

```
data one dummy data one
data two dummy data two
```

원하던 출력이다. main 코드를 살펴보자. 이 코드는 getDataOne과 getDataTwo 함수에 동기 호출을 하는 것처럼 보인다. 하지만 이 호출 모두 비동기다. 이 호출은 절대 블로킹하지 않으며, 비동기 형태로 동작한다. 이 과정이 어떻게 이뤄지는지 자세히 알아보자.

먼저 이미 정의한 제너레이터 변수를 사용해 main에 대한 제너레이터 인스턴스를 생성한다. 이 generator는 getDataOne과 getDataTwo 모두 이 호출에 데이터를 넣는데 사용되며, 곧 살펴보겠다. 인스턴스를 생성한 후 다음 코드로 모든 프로세스를 시작한다.

```
generator.next()
```

이는 main 함수를 호출한다. 이 main 함수는 실행되며 yield가 있는 첫 번째 줄을 보여준다.

```
. . .
let dataOne = yield getDataOne();
. . .
```

이제 제너레이터는 yield 상태에서 정지 모드로 진입한다. 하지만 정지 모드에 들어가기 전에 getDataOne 함수를 호출한다.

참고

여기서 중요한 부분은 yield가 정지 상태를 만들더라도 호출자가 대기하게 만들지는 않는다는 점이다(예. 호출자는 블로킹되지 않는다). 좀 더 정확히 하려면 다음 코드를 살펴보자.

```
generator.next() // 제너레이터가 정지할 경우조차도
for Async codes

console.log("will be printed")
=> will be printed
=> Generator data result is printed
```

이 코드는 generator.next가 제너레이터 함수를 next 호출에 대기하게끔 할 뿐만 아니라, 호출자(제너레이터를 호출한다)가 블로킹되지 않게 한다. console.log는 출력되며(generator.next는 블로킹되지 않는다), 비동기 연산이 끝나면 제너레이터에서 데이터를 얻는다.

흥미롭게도 getDataOne 함수는 이제 다음 코드를 가진다.

```
. . .
    generator.next('dummy data one')
. . .
```

이미 말했듯이 파라미터를 전달해 next를 호출하면 정지된 yield가 재개되며, 이 경우 여기서 정확히 발생된다. 이 코드는 setTimeout 내부에 있으며, 1,000ms 이후에만 실행된다. 그때까지 이 코드는 다음 줄에서 정지된다.

```
let dataOne = yield getDataOne();
```

한 가지 더 중요한 점은 이 코드가 정지됐을 때 타임아웃이 1,000에서 0으로 줄어든다는 점이다. 0에 도달하면 다음 코드가 실행된다.

```
. . .
    generator.next('dummy data one')
. . .
```

yield 문장에 'dummy data one'을 다시 보내며, dataOne 변수는 'dummy data one'이 된다.

```
// 1,000ms 후 dataOne은
// 'dummy data one'이 된다.
let dataOne = yield getDataOne();
=> dataOne = 'dummy data one'
```

많은 흥미로운 일들이 일어나고 있다. dataOne이 'dummy data one' 값으로 지정된 후 다음 줄부터 실행된다.

```
. . .
let dataTwo = yield getDataTwo();
. . .
```

이 코드는 이전 코드와 동일한 방법으로 실행된다. 이 코드가 실행되면 dataOne과 dataTwo를 가진다.

```
dataOne = dummy data one
dataTwo = dummy data two
```

main 함수의 마지막 문장에서는 콘솔에 출력된다.

```
. . .
    console.log("data one",dataOne)
    console.log("data two",dataTwo)
. . .
```

전체 과정은 그림 10-4에서 보여준다.

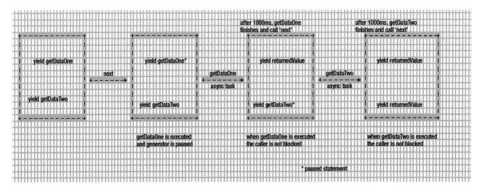

그림 10-4. main 제너레이터가 내부적으로 어떻게 동작하는지 보여준다.

이제 비동기 호출을 동기 호출처럼 보이게 만들었지만 비동기 방식으로 동작한다.

비동기를 위한 제너레이터: 실세계 경우

앞 절에서 제너레이터를 사용해 비동기 코드를 효과적으로 처리하는 방법을 살펴봤다. 비동기 과정을 모방하려고 **setTimeout**을 사용했다. 이 절에서는 함수를 사용해 실제 Ajax 호출을 Reddit API에 실행해서 실제 제너레이터의 성능을 보여준다.

비동기 호출을 만들려면 리스트 10-13처럼 **httpGetAsync** 함수를 생성하자.

리스트 10-13. httpGetAsync 함수 정의

```
let https = require('https');
function httpGetAsync(url,callback) {

    return https.get(url,
        function(response) {
            var body = ';
            response.on('data', function(d) {
                body += d;
            });
            response.on('end', function() {
```

```
            let parsed = JSON.parse(body)
            callback(parsed)
        })
    }
    );
}
```

이는 Ajax 호출로 응답을 받기 위한 노드에서 **https** 모듈을 사용하는 간단한 함수다.

참고

여기서는 httpGetAsync 함수가 어떻게 동작하는지 자세히 살펴보지 않는다. 해결하려는 문제는 비동기 방식으로 동작하지만 콜백이 Ajax 호출에서 응답을 얻을 것으로 예상되는 httpGetAsync 와 같은 함수를 변경하는 방법이다.

Reddit URL을 전달해 **httpGetAsync**를 확인하자.

```
httpGetAsync('https://www.reddit.com/r/pics/.json',(data)=> {
    console.log(data)
})
```

콘솔에 데이터를 출력한다. URL https://www.reddit.com/r/pics/.json은 Picture Reddit 페이지에 대해 JSON 목록을 출력한다. 반환된 JSON은 다음과 같은 구조인 **data** 키를 갖고 있다.

```
{ modhash: ",
    children:
        [ { kind: 't3', data: [Object] },
          { kind: 't3', data: [Object] },
          { kind: 't3', data: [Object] },
          . . .
```

```
        { kind: 't3', data: [Object] } ],
    after: 't3_5bzyli',
    before: null }
```

배열의 첫 번째 children의 URL을 얻어보자. data.children[0].data.url로 찾아가 야 한다. https://www.reddit.com/r/pics/comments/5bqai9/introducing_new_rpics_title_ guidelines/와 같은 URL을 얻을 것이다. 주어진 URL의 JSON 포맷을 얻어야 하므로, URL에 .json을 추가해 https://www.reddit.com/r/pics/comments/5bqai9/introducing_ new_rpics_title_guidelines/.json으로 바꾼다.

실제 살펴보자.

```
httpGetAsync('https://www.reddit.com/r/pics/.json',(picJson)=>
{
    httpGetAsync(picJson.data.children[0].data.url+".
    json",(firstPicRedditData) => {
        console.log(firstPicRedditData)
    })
})
```

이 코드는 원하는 데이터를 출력한다. 데이터 출력에는 걱정이 없는데, 코드 구조에 문제가 있다. 10장의 앞부분에서 봤듯이 이와 같은 코드는 콜백 지옥에 들어갈 수 있다. 여기에는 콜백의 두 가지 단계가 있는데, 실제 문제는 되지 않지만 4~5개의 중첩된 형태로 가면 어떻게 될까? 이런 코드를 쉽게 읽을 수 있을까? 절대 그렇지 않 다. 이제 제너레이터를 통해 어떻게 문제를 해결하는지 찾아보자.

리스트 10-14처럼 request라는 분리된 메서드 안에 httpGetAsync를 래핑한다.

```
function request(url) {
    httpGetAsync( url, function(response){
        generator.next( response );
    } );
}
```

제너레이터의 **next** 호출을 가진 콜백을 제거했는데, 앞 절과 매우 유사하다. 이제 제너레이터 내부에 필요한 것을 래핑해보며, 리스트 10-15처럼 **main**을 호출한다.

리스트 10-15. main 제너레이터 함수

```
function *main() {
    let picturesJson = yield request( "https://www.reddit.com/r/pics/.json" );
    let firstPictureData = yield request(picturesJson.data.
            children[0].data.url+".json")
    console.log(firstPictureData)
}
```

이 **main** 함수는 리스트 10-11에서 정의한 **main** 함수와 매우 유사하다(메서드 호출만 세세하게 변경됐다). 이 코드에서는 **request**에서 **yield**를 두 번 호출을 한다. **setTimeout** 예제에서 보듯이 **request**에서 **yield**를 호출하는 것은 Ajax 응답을 다시 보내서 **request**가 **next** 제너레이터를 호출할 때까지 멈추게 한다. 첫 번째 **yield**는 그림에서 JSON을 얻으며, 두 번째 **yield**는 **requst**를 호출해 첫 번째 그림 데이터를 얻는다. 이제 동기 코드처럼 만들었는데, 실제로는 비동기 형태로 동작한다.

또한 제너레이터를 사용해 콜백 지옥에서 벗어났다. 이제 코드는 어떤 일을 하는지 명확히 알 수 있다. 모두에게 훨씬 좋을 것이다.

다음을 실행해보자.

```
generator = main()
generator.next()
```

원하는 데이터를 출력한다. 제너레이터를 사용해 콜백 메커니즘을 원하는 모든 함수를 제너레이터 기반 함수로 어떻게 변경하는지 살펴봤다. 결과적으로 비동기 연산을 다루기에 좋은 코드를 얻었다.

ECMAScript 2017의 비동기 함수

지금까지 비동기적으로 함수를 실행하는 다양한 방법을 살펴봤다. 원래 백그라운드 작업을 실행하는 유일한 방법은 콜백을 사용하는 것인데, 콜백 지옥의 결과가 어떻게 되는지 배웠다. 제너레이터와 시퀀스는 yield 연산자와 generator 함수를 사용해 콜백 지옥 문제를 해결하는 방법을 제공한다. ECMA8Script의 한 부분으로 새로운 두 연산자인 async와 await를 소개한다. 이 두 연산자는 Promise를 사용해 비동기 코드에 권한을 주는 현대적인 디자인 패턴을 소개하며, 콜백 지옥 문제를 해결한다.

Promise

프라미스에 대해 이미 알고 있다면 이 절을 생략해도 좋다. 자바스크립트의 프라미스는 이후의 특정 지점에서 완료(또는 실패)하려는 작업이다. 예를 들어 부모님은 아이가 다음 시험에 A+을 받으면 XBOX 게임기를 사준다는 약속을 할 것인데, 다음과 같이 코드로 구현할 수 있다.

```
let grade = "A+";
let examResults = new Promise(
    function (resolve, reject) {
```

```
        if (grade == "A+")
            resolve("You will get an XBOX");
        else
            reject("Better luck next time");
    }
);
```

이제 Promise인 examResults가 사용되면 세 가지 상태인 대기, 해결, 거절 중 하나가
된다. 다음 코드는 위 프라미스의 샘플이다.

```
let conductExams = () => {
    examResults
    .then(x => console.log(x)) // resolve가 캡처되고 "You will get an XBOX"가 로깅된다.
    .catch(x => console.error(x)); // reject가 캡처되고 "Better luck next time"이 로깅된다.
};

conductExams();
```

프라미스의 철학을 다시 배웠으면 async와 await가 어떤 일을 하는지 이해해보자.

await

await는 함수가 Promise 객체를 반환할 때 함수 뒤에 붙이는 키워드로, 백그라운드에
서 실행되게 한다. 일반적으로 함수나 다른 프라미스는 프라미스를 소비하는 데 사용
되며, await는 프라미스가 백그라운드에서 해결되게 만들어 코드를 간단히 한다. 즉,
await 키워드는 프라미스가 해결되거나 실패할 때까지 기다린다. 프라미스가 해결되
면 이를 반환하거나 거절된 데이터를 사용할 수 있지만, 애플리케이션의 주요 흐름은
중요한 다른 작업을 처리하게 차단되지 않는다. 프라미스가 완료되면 나머지 실행이
시작된다.

async

await를 사용하는 함수는 async로 표시해야 한다.

다음 예제를 바탕으로 async와 await의 사용을 이해해보자.

```
function fetchTextByPromise() {
    return new Promise(resolve => {
        setTimeout(() => {
            resolve("es8");
        }, 2000);
    });
}
```

ES8에서 프라미스를 사용할 수 있기 전에는 다음 예제와 같이 함수 안에 래핑하거나 다른 프라미스를 사용해야 한다.

```
function sayHello() {
    return new Promise((resolve, reject) => fetchTextByPromise()
    .then(x => console.log(x))
    .catch(x => console.error(x)));
}
```

이제 async와 await를 사용한 간단하고 명확한 버전은 다음과 같다.

```
async function sayHello() {
    const externalFetchedText = await fetchTextByPromise();
    console.log(`Response from SayHello: Hello, ${externalFetchedText}`);
}
```

화살표 문법을 사용해 다음과 같이 작성할 수 있다.

```
let sayHello = async () => {
    const externalFetchedText = await fetchTextByPromise();
    console.log(`Response from SayHello: Hello,
    ${externalFetchedText}`); // Hello, es8
}
```

이 메서드는 간단히 호출해 사용할 수 있다.

```
sayHello()
```

콜백 연결

async와 **await**의 매력은 원격 API 호출을 사용할 때까지 이해하기 어렵다. 다음으로 JSON 배열을 반환하는 원격 API를 호출하는 예제를 살펴보자. 배열이 전달돼 첫 번째 객체를 처리하고 또 다른 원격 API를 호출을 자동으로 기다린다. 여기서 배울 중요한 점은 모든 일이 일어나는 동안 원격 API 호출에 시간이 걸리기 때문에 메인 스레드가 다른 작업을 할 수 있다는 점이다. 따라서 네트워크 호출과 해당 프로세스는 백그라운 드에서 일어난다.

다음은 외부 URL을 가져오고 프라미스를 반환하는 함수다.

```
// 프라미스를 반환한다.
const getAsync = (url) => {
    return fetch(url)
        .then(x => x)
        .catch(x =>
            console.log("Error in getAsync:" + x)
        );
}
```

다음 함수는 getAsync를 사용한다.

```
// 'async'는 'await'가 사용된 함수에서만 사용할 수 있다.
async function getAsyncCaller() {
    try {
        // https://jsonplaceholder.typicode.com/users는
        // 더미 사용자의 JSON Array를 반환하는 샘플 API다.
        const response = await getAsync("https://jsonplaceholder.
                typicode.com/users"); // 프라미스가 완료될 때까지 정지한다.
        const result = await response.json(); // 여기에서 .json을 제거한다는 것은
                                           // 프라미스에서 에러 핸들링을 의미한다.
        console.log("GetAsync fetched " + result.length + "results");
        return result;
    } catch (error) {
        await Promise.reject("Error in getAsyncCaller:" + error.message);
    }
}
```

다음 코드는 플로우 호출에 사용된다.

```
getAsyncCaller()
    .then(async (x) => {
        console.log("Call to GetAsync function completed");
        const website = await getAsync("http://" + x[0].website);
        console.log("The website (http://" + x[0].website + ")
        content length is " + website.toString().length + "bytes");
    })
    .catch(x => console.log("Error: " + x)); // Promise.Reject를
                // 여기서 캡처했으며, 에러 메시지를 사용자 정의 에러 핸들링을
                // 하고자 사용할 수 있다.
```

위 코드를 실행하면 다음과 같이 출력된다.

```
This message is displayed while waiting for async operation to
complete, you can do any compute here...
GetAsync fetched 10 results
Call to GetAsync function completed
The website (http://hildegard.org) content length is 17 bytes
```

보다시피 코드 실행이 계속되며 원격 API 호출이 백그라운드에서 발생될 때 프로그램 안의 최종 문장이 콘솔에 출력된다. 이에 따르는 모든 코드도 실행된다.

```
console.log("This message is displayed while waiting for async
operation to complete, you can do any compute here...");
```

다음 결과는 첫 번째 await가 완료됐을 때 사용할 수 있으며, 즉 첫 번째 API 호출이 완료되고 결과가 나타난다.

```
This message is displayed while waiting for async operation to
complete, you can do any compute here...
GetAsync fetched 10 results
Call to GetAsync function completed
```

이 부분에서 호출자에게 제어가 넘어가고(이 경우 getAsyncCaller), 호출은 async 호출에 의해 다시 대기하며, website 속성을 사용해 외부에 다시 호출한다. 최종 API 호출이 완료된 후 데이터는 website 객체로 반환되며, 다음과 같이 실행된다.

```
const website = await getAsync("http://" + x[0].website);
console.log("The website (http://" + x[0].website + ")
content length is " + website.toString().length + "bytes");
```

종속적인 외부 API 호출을 비동기적으로 만들었음을 살펴볼 수 있는데, 코드의 가독성이 높으므로 콜백 계층을 포함하지 않고도 호출 계층을 확장할 수 있다.

비동기 호출에서 에러 핸들링

앞에서 설명했듯이 프라미스도 거절될 수 있다(원격 API를 사용할 수 없거나 JSON 포맷이 올바르지 않을 때). 이러한 경우 사용자의 **catch** 블록이 호출되며, 다음과 같이 사용자 지정 예외 처리에 사용할 수 있다.

```
await Promise.reject("Error in getAsyncCaller:" + error.message);
```

에러는 호출자의 **catch** 블록에도 다음과 같이 증가할 수 있다. 에러를 시뮬레이션하려면 .json 함수인 **getAsyncCaller**를 제거한다(자세한 내용은 주석을 참고한다). 또한 **then** 핸들러에서 **async**가 어떻게 사용되는지 살펴보자. 의존적인 원격 호출은 **await**를 사용하므로, 화살표 함수는 **async**로 태그된다.

```
getAsyncCaller()
    .then(async (x) => {
        console.log("Call to GetAsync function completed");
        const website = await getAsync("http://" + x[0].website);
        console.log("The website (http://" + x[0].website + ")
        content length is " + website.toString().length + "bytes");
    })
    .catch(x => console.log("Error: " + x)); // Promise.Reject를
                        // 여기서 캡처했으며, 에러 메시지를 사용자 정의 에러 핸들링을
                        // 하고자 사용할 수 있다.
```

새로운 비동기 패턴은 더 읽기 쉽고 코드가 적으며, 선형적으로 이전 패턴보다 우수하므로 이전 패턴을 자연스럽게 대체한다. 그림 10-5는 현재 작성된 코드를 지원하는 브라우저를 보여준다. 최신 정보는 https://caniuse.com/#feat=async-functions에서 브라우저 지원을 확인할 수 있다.

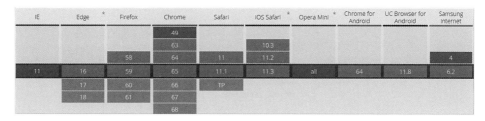

IE	Edge *	Firefox	Chrome	Safari	iOS Safari *	Opera Mini *	Chrome for Android	UC Browser for Android	Samsung Internet
			49						
			63		10.3				
		58	64	11	11.2				4
11	16	59	65	11.1	11.3	all	64	11.8	6.2
	17	60	66	TP					
	18	61	67						
			68						

그림 10-5. 비동기 브라우저 지원(출처: https://caniuse.com/#feat=async-functions)

제너레이터로 트랜스파일된 비동기 함수

async와 await는 제너레이터와 밀접한 관계가 있다. 사실 바벨^Babel은 백그라운드에서 비동기적으로 트랜스파일을 수행하고 제너레이터를 기다린다. 이는 트랜스파일된 코드를 살펴보면 알 수 있다.

```
let sayHello = async () => {
    const externalFetchedText = await new Promise(resolve => {
        setTimeout(() => {
            resolve("es8");
        }, 2000)});
        console.log(`Response from SayHello: Hello,
        ${externalFetchedText}`);
}
```

예를 들어 위 async 함수는 다음 그림의 코드로 트랜스파일되며, https://babeljs.io와 같은 온라인 바벨 트랜스파일러를 사용해 변환할 수 있다. 트랜스파일된 코드에 대한 자세한 내용은 이 책의 범위를 벗어나지만, async 키워드는 _asyncToGenerator(3번 줄)로 변환될 수 있음을 알아두자. _asyncToGenerator는 바벨에 추가된 루틴이다. 이 함수는 트랜스파일된 코드를 async 키워드를 사용하는 모든 코드에 넣을 수 있다. 위 코드에서 가장 중요한 부분은 다음 그림에서처럼 각 코드 줄이 case로 변환되는 switch-case문(41~59번 줄)으로 변환된다.

```
 1│  "use strict";
 2
 3│⊞ function _asyncToGenerator(fn) { ⋯
32│  }
33
34│  var sayHello = (function() {
35│    var _ref = _asyncToGenerator(
36│      regeneratorRuntime.mark(function _callee() {
37│        var externalFetchedText;
38│        return regeneratorRuntime.wrap(
39│          function _callee$(_context) {
40│            while (1) {
41│              switch ((_context.prev = _context.next)) {
42│⊞               case 0: ⋯
50│⊞               case 2: ⋯
56│                case 4:
57│                case "end":
58│                  return _context.stop();
59│              }
60│            }
61│          },
62│          _callee,
63│          this
64│        );
65│      })
66│    );
67
68│    return function sayHello() {
69│      return _ref.apply(this, arguments);
70│    };
71│  })();
72
```

그럼에도 **async/await**와 제너레이터는 자바스크립트에서 선형적으로 보이는 비동기 함수를 작성하는 핵심적인 방법 중 하나다. 무엇을 사용할지 선택하는 것은 사용자 몫이다. **async/await** 패턴은 비동기 코드를 동기적으로 보이게 하며, 따라서 가독성이 높아진다. 하지만 제너레이터는 내부 상태 변화와 호출자^{caller}와 피호출자^{callee} 사이의 양방향 통신을 좀 더 세밀하게 제어한다.

요약

10장에서는 Ajax 호출을 많이 사용해봤다. Ajax 호출을 다룰 때 결과를 처리하려면 콜백을 전달해야 했다. 콜백은 자체적인 한계가 있었다. 예를 들어 너무 많은 콜백은 콜백 지옥 문제에 봉착한다. 10장에서는 제너레이터라는 자바스크립트에서의 유형을 살펴봤다. 제너레이터는 next 메서드를 사용해 일시 중지와 재개할 수 있는 함수다. next 메서드는 모든 제너레이터 인스턴스에서 사용할 수 있다. next 메서드를 사용해 제너레이터 인스턴스에 데이터를 어떻게 전달해야 하는지 살펴봤다.

제너레이터에 데이터를 전달하는 기술은 비동기 코드의 문제를 해결하는 데 도움을 준다. 제너레이터를 사용해 비동기 코드를 동기적으로 보이게 해서 자바스크립트 개발자에게 강력한 기술을 선사하는 방법을 살펴봤다. 제너레이터는 콜백 지옥 문제를 해결하는 한 가지 방법인데, ES8은 동일한 문제를 async와 await를 사용해 직관적으로 해결하도록 제공한다. 이 새로운 비동기 패턴은 바벨과 같은 컴파일러에 의해 백그라운드에서 제너레이터로 트랜스파일되며 Promise 객체를 사용한다.

async/await는 선형 비동기 함수를 쉽고 간략한 형태로 작성할 수 있게 한다. await (제너레이터의 yield와 동일하다)는 Promise 객체를 반환하는 모든 함수에 사용할 수 있고, 함수는 코드에서 await를 사용한다면 어디든지 async를 붙여야 한다. 이 새로운 패턴은 에러 처리를 쉽게 만드는 데, 동기와 비동기 코드 모두에서 예외가 발생했을 때 동일한 방식으로 처리할 수 있다.

11장

반응형 라이브러리 빌드

지금까지 함수형 자바스크립트 코드를 작성하고 애플리케이션에 모듈성, 재사용성, 단순성을 적용했다. 또한 컴포지션, 필터, 맵, 축소 등의 개념과 비동기, 대기, 파이프와 같은 특징을 살펴봤다. 그럼에도 이런 특징들을 모아 재사용할 수 있는 라이브러리로 구성하지는 않았다. 11장에서는 이런 특징들을 묶어 재사용할 수 있는 라이브러리로 구성해본다. React나 HyperApp과 같은 애플리케이션 구성에 도움을 주는 완전한 라이브러리를 작성할 것이다. 함수보다 애플리케이션 구성에 집중한다. 지금까지 배운 함수형 자바스크립트 프로그래밍 개념을 사용해 두 가지의 HTML 애플리케이션을 작성한다. 중앙 저장소를 사용해 애플리케이션을 작성하고 선언적인 문법을 사용해 사용자 인터페이스^{UI, User Interface}를 렌더링하며, 사용자 지정 라이브러리를 사용해 이벤트에 연결하는 방법을 알아본다. HTML 애플리케이션 동작을 렌더링할 수 있는 작은 자바스크립트 라이브러리도 만든다. 그리고 12장에서는 11장에서 빌드한 라이브러리에 대한 단위 테스트를 작성하는 방법을 알아본다.

라이브러리 빌드를 시작하기 전에 불변성이라는 자바스크립트에서의 중요한 개념을 이해해야 한다.

참고

11장의 예제와 라이브러리 소스코드는 chap11 브랜치에 있다. 저장소의 URL은 https://github.com/antsmartian/functional-es8.git이다.

코드를 확인한 후 chap11 브랜치를 확인해보자.

git checkout -b chap11 origin/chap11

관리자 모드로 명령 프롬프트를 열고, package.json이 있는 폴더로 들어간다.

npm install

위 명령어를 실행하고 코드 실행에 필요한 패키지를 다운로드한다.

불변성

자바스크립트 함수는 일반적으로 문자열, 배열이나 객체와 같은 변수에 저장되는 데이터에 작용한다. 데이터의 상태는 일반적으로 특정 시점의 변수 값으로 정의된다. 예를 들면 다음과 같다.

```
let x = 5; // 여기서 x의 상태는 5다.
let y = x; // y의 상태는 x의 상태와 동일하다.

y = x * 2; // y의 상태를 변경한다.

console.log('x = ' + x); // x=5가 출력된다. x는 그대로다.
console.log('y = ' + y); // y=10이 출력된다.
```

이제 **string** 데이터형을 고려해보자.

```
let x = 'Hello';   // 여기서 x는 Hello다.
let y = x;         // y의 상태는 x와 동일하다.
x = x + ' World';  // x의 상태를 변경한다.

console.log('x = ' + x); // x = Hello World를 출력한다.
console.log('y = ' + y); // y = y = Hello를 출력한다. y의 값은 그대로다.
```

결론적으로 자바스크립트 숫자와 문자열은 변경할 수 없다. 이런 변수형의 상태는 생성된 이후에 변경할 수 없다. 하지만 객체와 배열의 경우에는 그렇지 않다. 다음 코드를 살펴보자.

```
let x = { foo : 'Hello' };
let y = x; // y의 상태는 x와 동일하다.

x.foo += ' World'; // x의 상태를 변경한다.

console.log('x = ' + x.foo); // x = Hello World를 출력한다.
console.log('y = ' + y.foo); // y = Hello World를 출력한다. y 또한 영향을 받는다.
```

자바스크립트 객체와 배열은 변할 수 있으며, 변할 수 있는 객체는 생성 이후 변경할 수 있다.

참고

또한 한 위치에서 값을 변경하면 모든 참조가 업데이트되므로 등호(=)가 가변 객체에 신뢰할 수 있는 연산자가 아님을 의미한다.

다음과 같은 배열 예제를 살펴보자.

```
let x = [ 'Red', 'Blue'];
let y = x;

x.push('Green');

console.log('x = ' + x); // [ 'Red', 'Blue', 'Green' ]을 출력한다.
console.log('y = ' + y); // [ 'Red', 'Blue', 'Green' ]을 출력한다.
```

자바스크립트 객체에 불변성을 가하고 싶다면 **Object.freeze.Freeze**를 사용해 객체
를 읽기만 가능하게 할 수 있다. 예를 들어 다음과 같은 코드를 살펴보자.

```
let x = { foo : 'Hello' };
let y = x;

Object.freeze(x);

// y.foo += ' World';
// 위의 줄을 주석 처리하지 않는다면 에러가 발생할 것이다.
// x와 y 모두 읽기 전용이다.

console.log('x = ' + x.foo);
console.log('y = ' + y.foo);
```

요약하면 표 11-1은 자바스크립트에서 변경 가능한 유형과 변경 불가능한 유형의 차
이점을 보여준다.

표 11-1. 자바스크립트의 데이터형

불변형	가변형
숫자, 문자열	객체, 배열

불변성은 프로젝트 전체에서 재사용할 수 있는 모듈식 자바스크립트 라이브러리를
빌드하는 데 중요한 개념이다. 애플리케이션의 수명주기[life cycle]는 상태에 따라 결정되

며, 자바스크립트 애플리케이션은 대부분 변경 가능한 객체에 상태를 저장한다. 특정 시점에서 애플리케이션의 상태를 예측하는 것이 중요하다.

다음 절에서는 예측 가능한 상태 컨테이너로 사용할 수 있는 라이브러리를 빌드한다. 이 라이브러리에서는 앞에서 배운 불변성과 다양한 함수형 프로그래밍 개념을 사용한다.

간단한 Redux 라이브러리 빌드

Redux는 Flux, CQRS, 이벤트 소싱^{Event Sourcing} 같은 유명한 단일 애플리케이션 아키텍처에서 영감을 얻은 라이브러리다. Redux는 애플리케이션의 상태를 한눈에 볼 수 있게 해주며, 예측 가능한 상태 패턴을 구성하는 데 도움을 준다. Redux가 무엇인지 알기 전에 몇 가지 유명한 자바스크립트 프레임워크에서 상태가 처리되는 방식을 이해해보자. 앵귤러^{Angular} 프레임워크를 예로 살펴보자. 앵귤러 애플리케이션은 문서 객체 모델^{DOM, Document Object Model}을 사용해 상태를 저장하며, 데이터는 뷰^{view}(또는 DOM)라는 UI 컴포넌트에 바인딩되며, 뷰는 모델^{model}을 나타내고, 모델 변경은 뷰를 갱신한다. 애플리케이션이 새로운 특징을 추가할 때 시간이 지남에 따라 수평적으로 확장되면 상태 변경의 누적 효과^{cascading effect}를 예측하는 것이 매우 어려워진다. 특정 시점에서 애플리케이션이나 다른 모델의 컴포넌트에 따라 상태가 변경될 수 있으므로 애플리케이션의 상태를 변경한 시기와 원인의 예측은 매우 어렵다. 반면 React는 가상화된 DOM을 사용해 동작한다. 어떤 상태이든 React 애플리케이션은 가상 DOM을 생성한 다음에 가상 DOM을 렌더링할 수 있다.

Redux는 프레임워크에 구애받지 않는 상태 라이브러리다. 앵귤러, React, 또는 어떤 애플리케이션에서든 사용할 수 있다. Redux는 애플리케이션 상태와 관련된 일반적인 문제가 모델과 뷰의 영향을 받는 방식을 해결하도록 빌드됐다. Redux는 페이스북에서 도입한 애플리케이션 아키텍처인 플럭스^{Flux}에서 영감을 받았다. Redux는 단방향 데이터 흐름을 사용한다. 다음은 Redux의 디자인 원칙이다.

- **진실의 근원은 하나**^{Single source of truth}: 애플리케이션은 중심 상태를 가진다.
- **상태는 읽기 전용이다**: 액션과 같은 특정 이벤트는 상태 변경을 의미한다.
- **변화는 순수 함수로 작성된다**: 액션은 리듀서^{Reducer}에 의해 사용되는데, 액션은 사용자 액션을 식별할 때 호출할 수 있는 순수 함수다. 한 번에 하나의 변경만 일어난다.

Redux의 핵심적인 특징은 진실(상태)의 소스가 하나라는 점이다. 상태는 본질적으로 읽기만 가능하므로 상태를 변경하는 유일한 방법은 무엇이 일어났는지 설명하는 액션을 수행하는 것이다. 액션은 리듀서에 의해 사용되고 새로운 상태가 생성돼 결과적으로 DOM이 갱신된다. 액션은 저장되고 다시 실행되며, 시간에 따라 디버깅하는 것과 같은 작업을 할 수 있다. 혼동되더라도 걱정 말자. 지금까지 배운 것을 사용해 패턴을 구현해보면 좀 더 쉽게 이해될 것이다.

그림 11-1은 Redux가 예측 가능한 상태 컨테이너를 어떻게 구현하는지 보여준다.

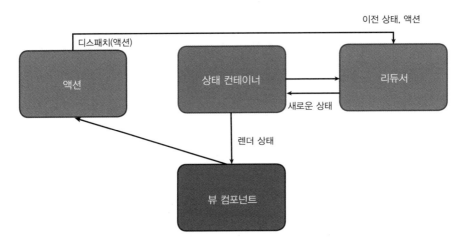

그림 11-1. 상태 컨테이너의 Redux 구현

Redux의 핵심 요소는 리듀서, 액션, 상태다. 이와 관련해 자체 Redux 라이브러리를 빌드해보자.

참고

여기서 빌드한 Redux 라이브러리를 아직 제대로 사용하기 이르다. 그보다 Redux 예제는 함수형 자바스크립트 프로그래밍의 영향력을 설명하는 데 사용된다.

Redux 라이브러리에 새로운 폴더를 생성하고 라이브러리에 호스팅된 redux.js를 만든다. 다음 절에서 이 파일에 코드를 복사한다. VS Code와 같은 어떤 자바스크립트 에디터든 사용해도 된다. 여기서 빌드하는 Redux 라이브러리의 가장 중요한 부분은 상태다. counter 속성으로 간단한 상태를 선언한다.

```
let initialState = {counter: 0};
```

다음으로 중요한 요소는 리듀서로, 상태를 변환할 수 있는 유일한 함수다. 리듀서는 현재 상태와 해당 액션인 두 개의 입력을 가지며, 새로운 상태를 생성한다. 다음 함수는 라이브러리에서 리듀서로 동작한다.

```
function reducer(state, action) {
    if (action.type === 'INCREMENT') {
        state = Object.assign({}, state, {counter: state.counter + 1})
    }
    return state;
}
```

4장에서 Object.assign을 사용하며 기존 상태를 병합해 새로운 상태를 생성해봤다. 이 방법은 가역성을 해결하는 데 도움을 준다. 리듀서 함수는 현재 상태를 변경하지 않고 새로운 상태를 생성할 수 있다. 이를 해결하는 데 Object.assign을 어떻게 사용하는지 살펴본다. `Object.assign`은 상태 객체에 영향을 주지 않고 두 상태를 하나로 병합하는 데 사용된다.

액션은 사용자 상호작용으로 전해지는데, 예제에서는 다음과 같이 간단한 버튼 클릭이다.

```
document.getElementById('button').addEventListener('click',
function() {
    incrementCounter();
});
```

Id를 가진 버튼을 클릭하면 increementCounter가 변한다. 여기서 incrementCounter 코드를 살펴보자.

```
function incrementCounter() {
    store.dispatch({
        type: 'INCREMENT'
    });
}
```

store는 무엇일까? store는 상태 변화를 유발하는 행위를 캡슐화하고, UI와 같은 상태 변화를 위한 리스너를 호출하고 액션에 대한 리스너를 등록하는 메인 함수다. 이 경우 기본 리스너는 뷰 렌더러view renderer다. 다음 함수로 store가 어떻게 생겼는지 자세히 알아보자.

```
function createStore(reducer,preloadedState){
    let currentReducer = reducer;
    let currentState = preloadedState;
    let currentListeners = [];
    let nextListeners = currentListeners;
```

```
function getState() {
    return currentState;
}

function dispatch(action) {
    currentState = currentReducer(currentState, action);

    const listeners = currentListeners = nextListeners;
    for (let i = 0; i < listeners.length; i++) {
        const listener = listeners[i];
        listener();
    }

    return action;
}

function subscribe(listener) {
    nextListeners.push(listener);
}

return {
    getState,
    dispatch,
    subscribe
};
}
```

다음 코드는 상태에 변화가 있을 때 UI를 렌더링하는 리스너다.

```
function render(state) {
    document.getElementById('counter').textContent = state.counter;
}
```

다음 코드는 subscribe 메서드를 사용해 리스너를 어떻게 구독하는지 보여준다.

```
store.subscribe(function() {
    render(store.getState());
});
```

다음 코드는 애플리케이션 부트스트랩에 사용된다.

```
let store = createStore(reducer, initialState);
function loadRedux(){
    // 초기 상태를 만든다.
    render(store.getState());
}
```

이제 애플리케이션에 Redux 라이브러리를 추가하고 동일한 폴더에 index.html 파일을 생성해 다음 코드를 복사해보자.

```
<html>
<head>
    <h1>Chapter 11 - Redux Sample</h1>
</head>
<body>
    <h1 id="counter">-</h1>
    <button id="button">Increase</button>
    <script src="./redux.js"></script>
</body>
</html>
```

이 페이지를 로드할 때 **loadRedux** 함수가 호출된다. 애플리케이션의 수명주기를 이해해보자.

1. **온로드**^{On load}: Redux 저장 객체가 생성되고 리스너는 `store.subscribe`를 사용해 등록된다. `onclick` 이벤트도 리듀서를 호출하고자 등록된다.

2. **온클릭**^{On click}: 디스패처가 호출되며 새로운 상태를 생성하고 리스너를 호출한다.

3. **온렌더**^{On render}: 리스너(렌더 함수)는 갱신된 상태를 얻으며 새로운 뷰를 렌더링한다.

이 사이클은 애플리케이션이 종료될 때까지 계속된다. 새로운 파일로 index.html을 열 수 있고 다음 코드로 package.json을 갱신할 수도 있다(전체 package.json을 자세히 보려면 11장 앞부분의 브랜치를 참고하자).

```
"scripts": {
    "playground" : "babel-node functional-playground/play.js
    --presets es2015-node5",
    "start" : "open functional-playground/index.html"
}
```

애플리케이션을 실행하려면 다음 명령어로 브라우저에서 index.html을 연다.

```
npm run start
```

Chapter 11 - Redux Sample

2

Increase

그림 11-2. redux 라이브러리를 사용한 예제

UI에서 수행되는 각 액션은 Redux 저장소에 저장되며, 프로젝트에 엄청난 가치를 부여한다. 애플리케이션이 현재 상태인 이유를 알고 싶다면 초기 상태에서 수행된 모든 액션을 순회해 다시 실행한다. 이런 기능을 시간 여행^{time traveling}이라 한다. 이 패턴을

사용하면 상태 변화를 특정 지점으로 다시 되돌리거나 다시 실행할 수 있다. 예를 들어 사용자가 UI를 일부 변경하고 특정 유효성 검사를 기반으로 커밋만 할 수 있다. Redux는 UI가 아닌 애플리케이션에 사용할 수 있는데, 시간 여행이 가능한 상태 컨테이너다. Redux에 대해 더 알고 싶다면 https://redux.js.org/를 참고하자.

HyperApp과 같은 프레임워크 구성

프레임워크는 기존 프레임워크를 기반으로 개발하고, 단시간에 애플리케이션을 개발하며 개발 시간을 줄인다. 프레임워크의 가장 일반적인 가정은 캐싱, 가비지 컬렉션, 상태 관리, DOM 렌더링(UI 프레임워크에만 활용할 수 있다)과 같은 모든 공통 문제가 해결된다는 것이다. 이러한 프레임워크 없이 애플리케이션을 개발하는 것은 자동차 휠을 다시 발명하는 것과 같다. 하지만 단일 페이지 UI 애플리케이션을 구성하는 데 사용할 수 있는 대부분의 프레임워크는 일반적인 문제인 번들 크기로 인해 어려움을 겪는다. 표 11-2는 현재 가장 널리 사용되는 최신 자바스크립트 프레임워크의 번들 크기를 보여준다.

표 11-2. 유명한 자바스크립트 프레임워크의 번들 크기

이름	크기
Angular 1.4.5	51K
Angular 2 + Rx	143K
React 16.2.0 + React DOM	31.8K
Ember 2.2.0	111K

출처: https://gist.github.com/Restuta/cda69e50a853aa64912d

반면 HyperApp은 UI 애플리케이션을 빌드하는 데 사용할 수 있는 가장 크기가 작은 자바스크립트 프레임워크가 될 것이다. HyperApp의 압축 버전은 1KB다. 이미 만들어

진 라이브러리에 대해 왜 말하는 것일까? 이 절의 이면에 있는 아이디어는 HyperApp으로 애플리케이션을 구성하거나 소개하는 것이 아니다. HyperApp은 불변성, 클로저, 고차 함수 등과 같은 함수형 프로그래밍 개념을 기반으로 한다. 이것이 HyperApp과 같은 라이브러리를 빌드하는 방법을 배우는 주된 이유다.

HyperApp은 파싱된 JSX(자바스크립트 확장) 문법이 필요하며, 따라서 가상 DOM과 JSX를 다음 절에서 다룬다.

가상 DOM

DOM은 HTML과 같은 문서를 나타내는 데 널리 사용되는 언어다. HTML DOM의 각 노드는 HTML 문서의 각 엘리먼트를 나타낸다. 예를 들면 다음과 같다.

```
<div>
<h1>Hello, Alice </h1>
<h2>Logged in Date: 16th June 2018</h2>
</div>
```

UI 애플리케이션을 빌드하는 데 사용되는 자바스크립트 프레임워크는 DOM을 가장 효율적인 방법으로 구성하고 상호작용하려 한다. 예를 들어 앵귤러는 컴포넌트 기반 접근법을 사용한다. 앵귤러를 사용해 작성된 애플리케이션은 여러 컴포넌트를 갖는데, 각 컴포넌트는 애플리케이션 상태의 일부를 컴포넌트 수준에서 지역적으로 저장한다. 이 상태는 변경할 수 있으며, 모든 상태 변경은 뷰를 다시 렌더링하고 모든 사용자 상호작용이 상태를 갱신할 수 있다. 예를 들어 앞의 HTML DOM은 다음과 같이 앵귤러로 작성할 수 있다.

```
<div>
<h1>Hello, {{username}} </h1> ? Component 1
```

```
    <h2>Logged in Date: {{dateTime}}</h2> ? Component 2
</div>
```

username과 dataTime 변수는 컴포넌트에 저장된다. 하지만 DOM 조작에는 많은 대가가 따른다. 이는 매우 인기 있는 모델이지만 여러 가지 주의 사항이 있는데, 몇 가지를 살펴보자.

1. **상태는 중심이 아니다:** 애플리케이션의 상태는 컴포넌트에 지역적으로 저장되고 컴포넌트를 통해 전달되므로, 특정 상태에서 전체 상태와 그 전환이 불확실하다.
2. **직접 DOM 조작:** 모든 상태 변경은 DOM 갱신을 유발하므로 페이지당 50개 이상의 컨트롤을 갖는 대규모 애플리케이션에서는 성능에 꽤 영향을 준다.

이러한 문제를 해결하려면 저장소를 중앙 집중화하고 DOM 조작을 줄이는 자바스크립트 프레임워크가 필요하다. 앞 절에서 예측 가능한 중앙 상태 컨테이너를 빌드하는 데 사용할 수 있는 Redux를 배웠다. DOM 조작은 가상 DOM을 사용해 줄일 수 있다.

가상 DOM은 JSON을 사용해 DOM을 인메모리로 표현한 것이다. DOM 연산은 실제 DOM에 적용하기 전에 인메모리 표현을 해야 한다. 프레임워크에 따라 DOM 표현을 다양하게 할 수 있다. 앞에서 설명한 HyperApp 라이브러리는 가상 DOM을 사용해 상태 변화를 감지하고, 델타 DOM만을 다시 작성하므로 애플리케이션의 효율이 전반적으로 향상된다. 다음은 HyperApp을 사용하는 DOM의 샘플을 보여준다.

```
{
    name: "div",
    props: {
        id: "app"
    },
    children: [{
        name: "h1",
        props: null,
```

```
        children: ["Hello, Alice"]
    }]
}
```

가상 DOM은 반응형 프레임워크에서 많이 사용되며, DOM을 나타내는 데 JSX를 사용한다.

JSX

JSX는 DOM을 나타내는 데 사용되는 자바스크립트의 문법 확장이다. JSX의 예를 살펴보자.

```
const username = "Alice"
const h1 = <h1>Hello, {username}</h1>; // JS에 임베딩된 HTML DOM
```

React는 JSX를 많이 사용하지만 JSX 없이도 가능하다. 모든 유효한 자바스크립트 표현식을 JSX 표현식에 다음과 같이 함수를 호출하듯이 넣을 수 있다.

```
const username = "aliCe";
const h1 = <h1>Hello, {toTitleCase(username)}</h1>;

let toTitleCase = (str) => {
    // 문자에서 단어의 첫 글자를 대문자로 바꾸는 로직
}
```

JSX 개념은 자세히 알아보지 않겠다. JSX와 가상 DOM 소개 이면의 아이디어는 이런 개념들에 익숙해지는 것이다. JSX에 대해 더 알고 싶으면 https://reactjs.org/docs/introducing-jsx.html을 참고하자.

JS Fiddle

앞의 장들에서는 개발한 기계에서 코드를 실행했다. 이 절에서는 JS Fiddle(https://jsfiddle.net)이라는 온라인 코드 에디터와 컴파일러를 소개한다. JS Fiddle은 코딩과 디버깅, HTML, 자바스크립트, CSS$^{Cascading\ Style\ Sheets}$ 기반 애플리케이션을 개발할 수 있다. JS Fiddle은 바로 사용할 수 있는 템플릿이 있으며, 다양한 언어, 프레임워크, 확장을 제공한다. JS Fiddle은 이 책의 내용을 쉽게 배우고 개념을 빠르게 익히는 데 사용하기에 좋은 최고의 도구다. 사용자가 온라인이나 어디에서든 작업을 저장할 수 있으므로, 언어, 컴파일러, 라이브러리의 새로운 조합에 적합한 개발 환경이 필요 없다.

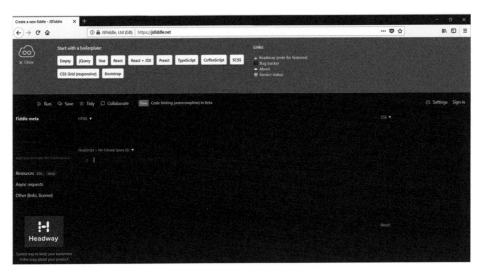

그림 11-3. JSFiddle 에디터

새로운 JS Fiddle을 생성해 라이브러리를 구성해보자. 상단의 리본에서 Save 버튼을 클릭해 코드를 저장한다. 그림 11-4처럼 Language 드롭다운 목록 상자에서 Babel + JSX를 선택한다. Frameworks & Extensions 상자에서는 No-Library(Pure JS)를 선택한다. 적절한 언어와 프레임워크를 선택하는 것은 컴파일할 라이브러리에서 중요하다.

LANGUAGE

Babel + JSX ∨

FRAMEWORKS & EXTENSIONS

No-Library (pure JS) ∨

LOAD TYPE

On Load ∨

FRAMEWORK <SCRIPT> ATTRIBUTE

ie. data-type=""

그림 11-4. 코드에 적합한 프레임워크와 확장 선택하기

11장에서 사용할 라이브러리는 세 가지 핵심 컴포넌트인 상태, 뷰, 액션(HyperApp과 같다)으로 구성됐다. 다음 함수는 라이브러리에서 부트스트랩으로 동작한다. 다음 코드를 JavaScript+No-Library(Pure JS) 코드 부분에 복사한다.

```javascript
function main() {
    app({ view: (state, actions) =>
        <div>
            <button onclick={actions.up}>Increase</button>
            <button onclick={actions.down}>Decrease</button>
            <button onclick={actions.changeText}>Change Text</button>
            <p>{state.count}</p>
            <p>{state.changeText}</p>
        </div>,
        state : {
            count : 5,
            changeText : "Date: " + new Date().toString()
        },
        actions: {
            down: state => ({ count: state.count - 1 }),
            up: state => ({ count: state.count + 1 }),
```

```
        changeText : state => ({changeText : "Date: " +
        new Date().toString()})
      }
    })
  }
```

여기서 상태는 간단한 객체다.

```
state : {
    count : 5,
    changeText : "Date: " + new Date().toString()
}
```

액션은 상태를 직접 변경하지 않는데, 액션이 호출될 때마다 새로운 상태를 반환한다. down, up, changeText 함수는 파라미터로 전달한 상태 객체에서 동작하고 새로운 상태 객체를 반환한다.

```
actions: {
    down: state => ({ count: state.count - 1 }),
    up: state => ({ count: state.count + 1 }),
    changeText : state => ({changeText : "Date: " + new Date().toString()})
}
```

뷰는 가상 DOM을 나타내는 JSX 문법을 사용한다. DOM 엘리먼트는 상태 객체에 바인딩돼 있고 이벤트는 액션에 등록된다.

```
<div>
    <button onclick={actions.up}>Increase</button>
    <button onclick={actions.down}>Decrease</button>
    <button onclick={actions.changeText}>Change Text</button>
    <p>{state.count}</p>
```

```
    <p>{state.changeText}</p>
</div>
```

이 코드에서 **app** 함수는 이 라이브러리에서 가장 중요한데, 상태, 뷰, 액션을 하나의 자바스크립트 객체로 받아들이며 실제 DOM을 동작한다. 다음 코드를 JavaScript+No-Library(Pure JS) 부분에 복사한다.

```
function app(props){
    let appView = props.view;
    let appState = props.state;
    let appActions = createActions({}, props.actions)
    let firstRender = false;
    let node = h("p",{},"")
}
```

함수 **h**는 HyperApp에서 영감을 얻어 DOM의 자바스크립트 객체 표현을 생성한다. 이 함수는 기본적으로 상태가 변경됐을 때 렌더링되는 DOM의 인메모리 표현을 생성한다. pageLoad 동안 호출될 때 다음 함수는 빈 <p></p> 노드를 작성한다. 자바스크립트+No-Library(PureJS) 부분에 다음 코드를 복사한다.

```
// 변환기 코드
function h(tag, props) {
    let node
    let children = []

    for (i = arguments.length; i-- > 2; ) {
        stack.push(arguments[i])
    }

    while (stack.length) {
        if (Array.isArray((node = stack.pop()))) {
```

```
        for (i = node.length; i--; ) {
            stack.push(node[i])
        }
    } else if (node != null && node !== true && node !== false)
    {
        children.push(typeof node === "number" ? (node = node + "") : node)
    }
}
return typeof tag === "string"
? {
    tag: tag,
    props: props || {},
    children: children,
    generatedId : id++
}
: tag(props, children)
}
```

JSX에 h 함수를 호출하고자 할 때 다음 주석이 필요하다.

```
/** @jsx h */
```

이 주석을 JSX 파서가 읽고 h 함수를 호출한다.

app 함수는 다음 절에서 설명하는 다양한 자식 함수가 포함돼 있다. 이 함수들은 이미 살펴본 함수형 프로그래밍 개념을 사용해 구성됐다. 각 함수는 입력을 받아 그에 따라 동작하고 새로운 상태를 반환한다. 변환기(예, h 함수)는 태그와 속성을 받는다. 이 함수는 일반적으로 JSX를 파싱한 후 태그와 속성을 인자로 전달하면 JSX 파서에 의해 호출된다. h 함수를 자세히 살펴보면 기본적인 함수형 프로그래밍 패러다임인 재귀를 사용한다. 이는 자바스크립트 데이터형으로 DOM의 트리 구조를 재귀적으로 구성한다.

예를 들어 props가 onclick 함수와 같은 태그에 붙여진 속성을 가진 객체인 h('button',

props)를 호출하면 함수 h는 다음과 같이 JSON을 동등한 값을 반환한다.

```
{
    children:["Increase"]
    generatedId:1
    props:{onclick: ?}
    tag:"button"
}
```

createActions 함수

createActions 함수는 액션마다 하나씩 함수 배열을 만든다. actions 객체는 이미 알다시피 파라미터로 전달된다. Object.Keys, 클로저, map 함수의 사용을 살펴보자. actions 배열에서 각 객체는 이름으로 식별할 수 있는 함수다. 각 함수는 부모의 변수 범위(withActions)인 클로저로 접근할 수 있다. createAction 함수가 실행 콘텍스트를 종료하더라도 실행할 때 클로저는 부모 범위의 값을 유지한다. 이 예제에서 함수 이름은 up, down, changeText다.

```
function createActions(actions,withActions){
    Object.keys(withActions || {}).map(function(name){
        return actions[name] = function(data) {
            data = withActions[name];
            update(data)
        }
    })
    return actions
}
```

그림 11-5는 actions 객체가 런타임 동안 어떻게 보이는지 샘플로 살펴본다.

그림 11-5. 런타임 동안의 actions 객체

render 함수

render 함수는 기존 DOM을 새로운 DOM으로 변경한다.

```
// The update funct          Object                          d st
function update(with!    ▼children: Array(5)
    withState = with!      ▶0: {tag: "button", props: {…}, children:
       if(merge(appState     ▶1: {tag: "button", props: {…}, children:
           appState = m      ▶2: {tag: "button", props: {…}, children:
           render();         ▶3: {tag: "p", props: {…}, children: Arra
       }                     ▶4: {tag: "p", props: {…}, children: Arra
}                             length: 5
                            ▶__proto__: Array(0)                      te
    // the merge functi     generatedId: 6
function merge(target    ▶props: {}
    var result = {}         tag: "div"
    for (var i in targe    ▶__proto__: Object
    for (var i in sourc
    return result
}

    // The patch functton   eates html ccements
function patch(node,[newNode]) {  node = {tag: "p", props: {…}, childr
    dohuggon:
```

그림 11-6. 런타임 동안 자식 객체의 상태를 보여준다.

```
function render() {
    let doc = patch(node,(node = appView(appState,appActions)))
    if(doc) {
        let children = document.body.children;
        for(let i = 0; i <= children.length; i++){
            removeElement(document.body, children[i], children[i])
        }
```

```
        document.body.appendChild(doc);
    }
}
```

patch 함수

patch 함수는 재귀적으로 HTML 노드를 생성한다. 예를 들어 patch가 가상 DOM 객체를 받으면 노드에 해당하는 HTML를 재귀적으로 생성한다.

```
function patch(node,newNode) {
    if (typeof newNode === "string") {
        let element = document.createTextNode(newNode)
    } else {
        let element = document.createElement(newNode.tag);
        for (let i = 0; i < newNode.children.length; ) {
            element.appendChild(patch(node,newNode.children[i++]))
        }
        for (let i in newNode.props) {
            element[i] = newNode.props[i]
        }
        element.setAttribute("id",newNode.props.id !=
        undefined ? newNode.props.id : newNode.generatedId);
    }
    return element;
}
```

update 함수

update 함수는 기존 상태를 새로운 상태로 갱신하고 애플리케이션을 실행하는 고차 함수다. update 함수는 사용자가 그림 11-7과 같은 버튼을 클릭했을 때처럼 액션이 발생했을 때 실행된다.

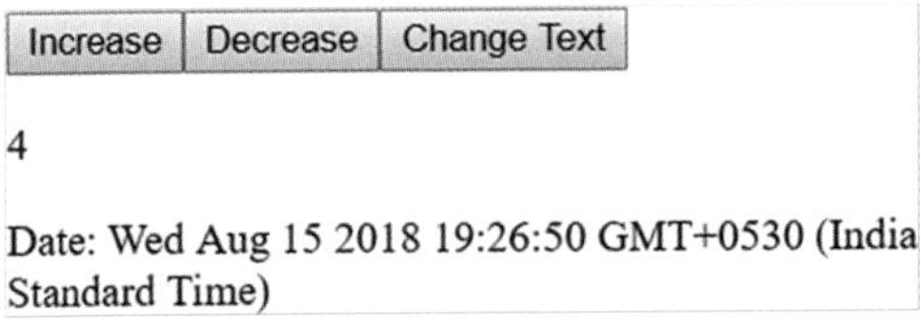

그림 11-7. 이 예제의 최종 UI

update 함수는 인자로 함수를 받는다. 예를 들어 up, down, changeText는 고차 함수를 만든다. 이는 애플리케이션에 동적인 행동을 추가할 수 있다는 이점이 있다. 어떤 방법으로? update 함수는 런타임까지 상태 인자를 알 수 없는데, app 동작은 어떤 인자가 전달됐는지에 따라 결정된다. up이 전달되면 상태는 증가되고, down이 전달되면 감소한다. 적은 코드로 함수성을 높여 함수형 프로그래밍을 만족시킨다.

애플리케이션의 현재 상태는 액션(example, up, down)에 전달된다. actions는 기본적으로 새로운 상태를 함께 반환하며 함수형 패러다임을 따른다(HyperApp은 Redux 개념을 엄격히 따르는데, 결과적으로 함수형 프로그래밍 개념을 기본으로 한다). 이는 merge 함수로 마무리된다. 새로운 상태를 받으면 다음과 같이 render 함수를 호출한다.

```
function update(withState) {
    withState = withState(appState)
    if(merge(appState,withState)){
        appState = merge(appState,withState)
        render();
    }
}
```

merge 함수

merge 함수는 새로운 상태를 기존 상태와 병합하는 간단한 함수다.

```
function merge(target, source) {
    let result = {}
    for (let i in target) { result[i] = target[i] }
    for (let i in source) { result[i] = source[i] }
    return result
}
```

보다시피 상태가 변경되면 기존 상태와 변경된 상태를 담는 새로운 상태가 생성되고 변경된다. 예를 들어 Increase 액션이 호출되면 merge로 count 속성만 갱신된다. 자세히 살펴보면 merge 함수는 Object.assign의 동작과 매우 유사하다. 즉, 주어진 상태에 영향을 주지 않으면서 주어진 상태에서 새로운 상태를 만든다. 그러므로 merge 함수를 다음과 같이 다시 작성할 수 있다.

```
function merge(target, source) {
    let result = {}
    Object.assign(result, target, source)
    return result
}
```

이것이 ES8 문법의 힘이다.

remove 함수

remove 함수는 실제 DOM에서 자식을 제거하는 데 사용된다.

```
// 요소를 제거한다.
function removeElement(parent, element, node) {
    function done() {
        parent.removeChild(removeChildren(element, node))
    }
```

```
        let cb = node.attributes && node.attributes.onremove
        if (cb) {
            cb(element, done)
        } else {
            done()
        }
    }

    // 자식을 재귀적으로 제거한다.
    function removeChildren(element, node) {
        let attributes = node.attributes
        if (attributes) {
            for (let i = 0; i < node.children.length; i++) {
                removeChildren(element.childNodes[i], node.children[i])
            }
        }
        return element
    }
```

애플리케이션의 UI는 그림 11-8과 같다. 'Increase', 'Decrease', 'ChangeText'는 액션
이고, 숫자는 5, Data는 상태다.

그림 11-8. 이 예제의 최종 UI

라이브러리의 소스코드는 체크아웃 브랜치의 hyperapp.js에서 사용할 수 있다. 애플
리케이션을 생성하고자 새로운 JS Fiddle에 복사할 수 있다(이미 설명했듯이 정확한 언어
를 선택하자). https://jsfiddle.net/vishwanathsrikanth/akhbj9r8/70/를 참조해 필자의
JS Fiddle에서 포크할 수도 있다.

이렇게 두 번째 라이브러리를 완성했다. 확실히 라이브러리는 1KB보다 적지만 대화형 웹앱을 구성하는 데 적합하다. 빌드한 모든 라이브러리는 함수를 기본으로 한다. 이 함수들은 전역 상태가 아닌 입력에서만 동작한다. 함수는 시스템 유지를 쉽게 하려고 고차 함수와 같은 개념을 사용한다. 각 함수가 어떻게 정확하게 입력을 받고 함수와 새로운 상태를 반환하며 해당 입력으로만 동작하는지 살펴봤다. `map`, `each`, `assign` 등과 같은 여러 고차 함수를 다시 사용해봤다. 이는 코드 기반에서 잘 정의된 함수를 재사용하는 방법을 보여준다.

마찬가지로 이 코드들 모두 Redux와 HyperApp(물론 수정도 가능하다)에서 가져왔지만, 유명한 라이브러리가 함수형 개념을 따르며 어떻게 구성됐는지 살펴볼 수 있다. 이것이 함수에 대해 지금까지 살펴본 모든 것이다.

이 책에 설명된 함수형 자바스크립트를 사용해 더 많은 라이브러리를 구성해보자.

요약

11장에서는 함수형 자바스크립트 개념을 사용해 라이브러리를 작성하는 방법을 살펴봤다. 분산된 상태가 시간이 지남에 따라 애플리케이션의 유지 보수성과 예측 가능성을 방해하는 방법과 Redux 같은 프레임워크가 상태를 중앙 집중화하는 데 어떻게 도움이 되는지 알아봤다. Redux는 읽기만 가능한 상태로 중앙 집중화된 상태 컨테이너다. 상태 변경은 액션과 기존 상태를 전달하는 리듀서를 통해서만 가능하다. 또한 함수형 자바스크립트 개념을 사용해 Redux와 유사한 라이브러리와 HTML 애플리케이션을 빌드했다. 가상 DOM을 배우고, 이것이 어떻게 DOM 조작을 줄이는지 살펴보고, 자바스크립트 파일에서 DOM을 나타내는 데 사용하는 JSX 문법을 살펴봤다. JSX와 가상 DOM 개념은 단일 페이지 애플리케이션을 빌드하는 데 사용할 수 있는 가벼운 라이브러리인 HyperApp과 같은 라이브러리를 빌드하는 데 사용된다.

12장

테스트와 마무리

> 무고한 것으로 판명될 때까지 모든 코드는 유죄다.
>
> – 익명

지금까지 함수형 자바스크립트 개념을 다뤘다. ES8 사양의 기본, 고급 아이디어와 최신 개념을 배웠다. 전부 다 이해했는가? 지금까지 작성한 코드를 완전히 확정할 수 있는가? 그렇지 않다. 코드를 테스트하지 않고는 완료할 수 없다.

12장을 마무리하면서 지금까지 작성한 함수형 자바스크립트 코드를 테스트하는 방법을 배운다. 업계에서 가장 좋은 테스트 프레임워크와 유연하고, 배우기 쉽고 자동으로 테스트할 수 있는 코딩 패턴을 배운다. 12장에서 다룰 패턴과 연습은 모든 시나리오의 함수형 코드 테스트에 사용할 수 있다. 프라미스와 비동기 방법으로 응용한 자바스크립트에 사용하는 테스트 코드도 배운다. 그 외에 테스트를 하고, 상태를 보고하고, 코드 커버리지를 계산하고, 더 좋은 코딩 기준을 적용하는 다양한 도구를 사용한다. 마지막으로 이 책에서 다룬 내용을 정리하며 요약한다.

```
git checkout -b chap12 origin/chap12
```

관리자 모드로 명령 프롬프트를 열고, package.json이 있는 폴더로 들어간다.

```
npm install
```

위 명령어를 실행하고 코드 실행에 필요한 패키지를 다운로드하다.

소개

모든 개발자는 테스트 케이스를 작성하는 것이 코드 실행과 버그 없는 프로그램을
확보하는 유일한 방법으로 알고 있다. 테스트에는 단위, 통합, 성능, 보안/침투 등과
같은 다양한 종류로 각 코드의 특정 기준을 충족시킨다. 작성할 테스트는 함수와 함수
형의 우선순위에 전적으로 의존한다. 이는 투자자본수익률$^{ROI, Return On Investment}$에 관한
것이다. 사용자 테스트는 다음 물음에 답해야 한다. 애플리케이션에 함수성이 중요한
가? 이 테스트를 작성했을 때 함수성이 동작한다고 인증할 수 있는가? 애플리케이션의
핵심 함수성은 앞에서 살펴본 모든 테스트에서 다루는 반면 거의 사용하지 않는 기능
은 단위 테스트와 통합 테스트만 필요하다. 단위 테스트를 알려주는 것이 이 절의
핵심은 아니다. 대신 현재 데브옵스^{DevOps} 시나리오에서 자동화된 단위 테스트 작성의
중요성을 배워본다.

데브옵스$^{DevOps, Development+Operations}$는 프로세서와 사람, 도구가 함께 소프트웨어 애플리

케이션을 연속적으로 매끄럽게 전달하도록 정의하고 보장하는 데 사용된다. 이제 이 모델에 적합한 테스팅은 어디 있을까? 답은 연속적인 테스트에 있다. DevOps 모델과 같은 모든 고성능 애자일 팀은 연속적인 통합, 테스팅, 배포와 같은 작업을 따라야 한다. 간단히 말해 개발자가 확인한 모든 코드는 하나의 단일 저장소에 통합되고, 모든 테스트는 자동으로 수행되며, 최신 코드는 (테스트의 성공 기준이 만족된다면) 개발 환경에 자동으로 배치된다. 유연하고, 믿을 수 있고, 고속의 전달 파이프라인은 표 12-1과 같이 성공적인 기업들의 핵심이다.

표 12-1. 성공적인 기업들의 전달 파이프라인

기업	배치
페이스북	하루에 2번 배치
아마존	11.6초마다 배치
넷플릭스	하루에 1,000번

출처: 위키피디아

Node를 사용해 애플리케이션을 구성하는 애자일 팀의 일원이라고 가정할 때 이 책에 설명한 모범 사례를 사용해 다양한 코드를 작성했으며, 이제는 코드에 대한 테스트를 작성해 적절한 코드에 도달해야 한다. 자바스크립트 함수에 대한 테스트를 작성하는 방법을 알려주는 것이 12장의 목표다.

그림 12-1은 애플리케이션 수명주기 전체에서 연속적인 테스팅 과정을 보여준다.

그림 12-1. 애플리케이션 수명주기의 연속적인 테스팅 과정

테스팅의 종류

중요한 테스트 종류는 다음과 같다.

- **단위 테스트**^{unit test}: 모든 함수를 독립적으로 테스트하려고 단위 테스트를 작성한다. 단위 테스트를 12장에서 가장 집중적으로 살펴본다. 단위 테스트는 입력을 제공해 원하는 출력과 일치하는지 확인해 개별적인 함수를 테스트한다. 단위 테스트는 의존적인 동작을 모킹^{mock}한다. 모킹은 12장의 뒷부분에서 살펴본다.
- **통합 테스트**^{Integration tests}: 통합 테스트는 엔드투엔드 함수성을 테스트하고자 작성된다. 예를 들어 사용자 등록 시나리오에서 통합 테스트는 데이터 저장소에서 사용자를 생성하고 존재하는지 확인한다.
- **UI(함수형) 테스트**: UI 테스트는 웹 애플리케이션을 위한 것이다. 이 테스트는 브라우저를 제어하고 사용자 여정을 확인하고자 작성된다.

기타 테스트 종류에는 스모크 테스트, 회귀 테스트, 인수 테스트, 시스템 테스트, 모의 테스트, 침투 테스트, 성능 테스트가 있다. 이러한 테스트에 사용할 수 있는 다양한 프레임워크가 있는데, 이 테스트들은 이 책에서 설명하지 않는다. 12장에서는 단위 테스트만 다룬다.

BDD와 TDD

자바스크립트 테스트 프레임워크를 살펴보기 전에 중요한 테스트 개발 방법론인 행동 주도 개발^{BDD, Behavioral-Driven Development}과 테스트 주도 개발^{TDD, Test-Driven Development}을 소개한다.

BDD는 구현 대신 함수의 행동을 테스트할 것을 제안한다. 예를 들어 주어진 숫자에 1을 더하는 다음 함수를 생각해보자.

```
var mathLibrary = new MathLibrary();
var result = mathLibrary.increment(10)
```

BDD는 테스트를 작성하도록 권장한다. 이는 간단한 단위 테스트처럼 보이지만, 미묘한 차이가 있다. 여기서는 로직 구현(Sum의 초깃값과 같은)을 걱정할 필요가 없다.

```
var expectedValue = mathlibrary.seed + 10;
// seed는 MathLibrary의 속성이다.
Assert.equal(result, expectedValue);
```

어써션^{Assertions}은 실제 값을 예상 값과 반대로 검증하는 데 도움이 되는 함수다. 여기에서 자세한 구현은 걱정할 필요가 없는데, 오히려 함수의 행동을 단언한다. 즉, 값을 1씩 증가시킨다. seed의 값이 내일 변경된다면 함수를 갱신할 필요가 없다.

참고

단언(Assert)은 대부분의 프레임워크에서 사용하는 명명법의 일종이다. 다양한 방법으로 원하는 값과 실제 값을 비교하는 데 사용된다.

TDD는 테스트를 먼저 작성하도록 제안한다. 예를 들어 현재 시나리오에서는 다음과 같은 테스트를 먼저 작성한다. 물론 MathLibray나 increment라는 해당 함수가 없으므로 실패한다.

```
Assert.equal(MathLibrary.increment(10), 11);
```

TDD 이면의 아이디어는 함수형 요구 사항을 충족하고 처음에는 오류가 날 어써션을 먼저 작성하는 것이다. 테스트를 통과하고자 필요하면 수정(코드 작성)하며 개발을 진행한다.

자바스크립트 테스트 프레임워크

자바스크립트는 함수형 코드 작성에 광범위하게 적용되는 언어로, Mocha, Jest(페이스북), Jasmine, Cucumber 등의 다양한 테스트 프레임워크가 있다. 그중에서 Mocha와 Jasmine이 가장 유명하다. 자바스크립트 함수에 대한 단위 테스트를 작성하려면 다음과 같은 기본 요구 사항을 충족시킬 수 있는 라이브러리나 도구가 필요하다.

- 폴더 구조, 파일 이름, 해당 설정을 정의하는 테스트 구조
- 어써션 함수, 융통성 있는 단언에 사용할 수 있는 라이브러리
- 콘솔, HTML, JSON, XML과 같은 다양한 포맷으로 결과를 표시하기 위한 프레임워크인 리포터^{Reporter}
- 가짜 종속성 컴포넌트에 두 배 테스트를 제공할 수 있는 프레임워크인 목^{Mocks}
- 코드 커버리지로, 프레임워크는 테스트로 커버되는 줄이나 함수의 수를 명확하게 알 수 있어야 한다.

안타깝게도 어떠한 프레임워크도 이러한 함수성을 모두 제공하지는 않는다. 예를 들어 Mocha에는 어써션 라이브러리가 없다. 다행히도 Mocha와 Jasmine 같은 대부분의 프레임워크는 확장할 수 있다. 확실하게 단언할 수 있도록 바벨의 어써션 라이브러리나 expect.js를 Mocha와 함께 사용할 수 있다. Mocha와 Jasmine 사이에서 Jasmine보다 융통성이 있다고 생각해 Mocha 테스트를 작성해보자. 물론 이 절의 마지막에서 Jasmine 테스트를 잠시 살펴본다.

참고

이 책을 집필하는 시점에 Jasmine은 ES8 기능에 대한 테스트를 제공하지 않으며, 이는 Mocha를 사용하려는 이유 중 하나다.

Mocha를 사용한 테스팅

다음 절에서는 테스트 작성을 위해 Mocha를 구성하는 방법을 설명하고, 모킹으로 동기 및 비동기 테스트를 작성하는 것이 핵심이다. 시작해보자.

설치

Mocha(https://mochajs.org)는 node.js와 브라우저 모두에서 실행할 수 있는 커뮤니티 지원 기능이 많은 자바스크립트 테스트 프레임워크다. Mocha는 비동기 테스팅을 간단하고 재미있게 구성한다.

다음과 같이 Mocha를 전역적인 개발 환경에 설치한다.

```
npm install -global mocha
npm install -save-dev mocha
```

test 폴더를 새로 추가하고 test 폴더에 mocha-tests.js 파일을 추가한다. 다음과 같이 파일 구조가 갱신된다.

```
| functional-playground
|------play.js
| lib
|------es8-functional.js
| test
| -----mocha-tests.js
```

간단한 Mocha 테스트

mocha-test.js에 다음과 같은 간단한 Mocha 테스트를 추가한다.

```
var assert = require('assert');
describe('Array', function () {
    describe('#indexOf()', function () {
        it('should return -1 when the value is not present',
        function () {
            assert.equal(-1, [1, 2, 3].indexOf(4));
        });
    });
});
```

하나씩 이해해보자. 코드의 첫 번째 줄은 바벨의 어써션 라이브러리를 임포트하도록 요구한다. 이미 살펴봤듯이 Mocha에는 어써션 라이브러리가 없으므로 이 줄이 필요하다. expect.js, chai.js, should.js 등의 다른 어써션 라이브러리를 사용할 수도 있다.

```
var assert = require('assert');
```

Mocha 테스트는 본질적으로 계층적이다. 첫 번째 describe 함수는 첫 번째 테스트 유형인 'Array'를 설명한다. 각 주요 유형에는 '#indexOf'와 같은 여러 describe를 가질 수 있다. 여기서 '#indexOf'는 배열의 indexOf 함수와 관련된 테스트를 가진 하위 유형이다. 실제 테스트는 it 키워드로 시작된다. it 함수의 첫 번째 파라미터는 항상 원하는 행동을 설명해야 한다(Mocha는 BDD를 사용한다).

```
it('should return -1 when the value is not present', function(){})
```

하위 유형에는 여러 it 함수가 있을 수 있다. 다음 코드는 원하는 것과 실제를 단언하는 데 사용된다. 단일 테스트 케이스에는 여러 단언이 있을 수 있다(it 함수는 여기서 단일 테스트 케이스다). 기본적으로 여러 단언이 있는 경우 첫 번째 실패에서 테스트가 중지되지만, 이 동작은 변경될 수 있다.

다음 코드는 package.json에 추가돼 Mocha 테스트를 실행한다. 가져온 라이브러리 지원을 이해하고자 분기를 체크아웃할 때 개발 종속성과 종속성 섹션도 확인한다.

```
"mocha": "mocha --compilers js:babel-core/register --require babel-polyfill",
```

-compilers와 -require 스위치는 여기서 옵션이다. 이 경우 ES8 코드를 컴파일하는 데 사용한다. 다음 명령어를 실행해 테스트한다.

```
npm run mocha
```

그림 12-2는 응답 샘플을 보여준다.

```
> learning-functional@1.0.0 mocha C:\code\apress\code\functional-es6
> mocha --compilers js:babel-core/register --require babel-polyfill


(node:7896) DeprecationWarning: "--compilers" will be removed in a futur
or more info
  Array
    #indexOf()
      √ should return -1 when the value is not present


  1 passing (12ms)
```

그림 12-2. 스위치의 응답 샘플

테스트 결과가 나타나는 과정을 살펴보자. **Array**는 계층의 첫 번째 단계로 이후 **#indexOf**와 실제 테스트 결과가 온다. 그림에서 **1 passing** 문장은 테스트를 요약해 보여준다.

커링, 모나드, 함수자 테스트

커링, 함수자, 모나드와 같은 많은 함수형 프로그래밍 개념을 배웠다. 이 절에서는 지금까지 배운 개념을 테스트로 작성해본다.

커링에 대한 단위 테스트를 작성하면서 시작해보자. 커링은 n개 인자의 함수를 중첩된 단항 함수로 변환하는 과정이다. 이것이 일반적인 정의지만, 실제 단위 테스트 작성에는 도움이 되지 않는다. 모든 함수에 단위 테스트를 작성하는 것은 꽤 간단하다. 첫 번째 단계는 주요한 특성 세트를 목록화하는 것이다. 6장에서 작성한 curryN 함수를 참조해본다. 그 동작을 다음과 같이 정의한다.

1. CurryN은 항상 함수를 반환해야 한다.
2. CurryN은 함수만 받아 들여야 하며, 다른 값을 전달하면 에러를 발생시킨다.
3. CurryN 함수는 동일한 개수의 인자로 호출될 때 일반 함수의 동일한 값을 반환해야 한다.

이제 이 특성에 맞게 테스트를 작성해보자.

```
it("should return a function", function(){
    let add = function(){}
    assert.equal(typeof curryN(add), 'function');
});
```

이 테스트는 curryN이 항상 함수 객체를 반환하는지 단언한다.

```
it("should throw if a function is not provided", function(){
    assert.throws(curryN, Error);
});
```

이 테스트는 함수가 전달되지 않을 때 curryN이 에러를 발생시키는지 확인한다.

```
it("calling curried function and original function with same
arguments should return the same value", function(){
    let multiply = (x,y,z) => x * y * z;
```

```
    let curriedMultiply = curryN(multiply);
    assert.equal(curriedMultiply(1,2,3), multiply(1,2,3));
    assert.equal(curriedMultiply(1)(2)(3), multiply(1,2,3));
    assert.equal(curriedMultiply(1)(2,3), multiply(1,2,3));

    curriedMultiply = curryN(multiply)(2);
    assert.equal(curriedMultiply(1,3), multiply(1,2,3));
});
```

위 테스트는 커링된 함수의 기본적인 함수성을 테스트하는 데 사용할 수 있다. 이제
함수자에 대한 몇 가지 테스트를 작성해보자. 그전에 커링과 마찬가지로 함수자의
특징을 다시 살펴보자.

1. 함수자는 값을 보유하는 컨테이너다.
2. 함수자는 함수 매핑을 구현하는 일반적인 객체다.
3. MayBe와 같은 함수자는 null이나 undefined를 처리해야 한다.
4. MayBe와 같은 함수자는 연결돼야 한다.

이제 함수자 정의를 바탕으로 몇 가지 테스트를 살펴보자.

```
it("should store the value", function(){
    let testValue = new Container(3);
    assert.equal(testValue.value, 3);
});
```

이 테스트는 container와 같은 함수가 값을 갖는지 확인한다. 이제 함수자가 map을
구현하는지 어떻게 테스트할까? 여러 가지 방법이 있다. 프로토타입에 단언을 하거나
함수를 호출하고 다음과 같이 정확한 값을 기대할 수 있다.

```
it("should implement map", function(){
    let double = (x) => x + x;
    assert.equal(typeof Container.of(3).map == 'function', true)
    let testValue = Container.of(3).map(double).map(double);
    assert.equal(testValue.value, 12);
});
```

다음 테스트는 함수가 null을 다루거나 체이닝을 할 수 있는지 확인한다.

```
it("may be should handle null", function(){
    let upperCase = (x) => x.toUpperCase();
    let testValue = MayBe.of(null).map(upperCase);
    assert.equal(testValue.value, null);
});

it("may be should chain", function(){
    let upperCase = (x) => x.toUpperCase();
    let testValue = MayBe.of("Chris").map(upperCase).map((x) => "Mr." + x);
    assert.equal(testValue.value, "Mr.CHRIS");
});
```

이제 이러한 접근법을 사용하면 모나드에 대한 테스트를 쉽게 작성할 수 있다. 어디서 시작할까? 다음 규칙을 바탕으로 테스트를 직접 작성할 수 있는지 살펴보자.

1. 모나드는 join을 구현하여야 한다.
2. 모나드는 chain을 구현하여야 한다.
3. 모나드는 중첩을 제거하여야 한다.

도움말이 필요하다면 깃허브 URL에서 chap12 브랜치를 참고하자.

함수형 라이브러리 테스트

es-functional.js 라이브러리에서 많은 함수를 작성했고, 작성한 함수를 실행하고자 play.js를 사용했다. 이 절에서는 지금까지 작성한 함수형 자바스크립트 코드에 대한 테스트를 작성하는 방법을 알아본다. play.js와 같이 mocha-test.js 파일 안에 임포트 된 함수를 사용하기 전에 다음 코드를 mocha_test.js 파일에 추가한다.

```
import { forEach, Sum } from "../lib/es8-functional.js";
```

다음 코드는 자바스크립트 함수로 작성된 Mocha 테스트다.

```
describe('es8-functional', function () {
    describe('Array', function () {
        it('Foreach should double the elements of Array, when
        double function is passed', function () {
            var array = [1, 2, 3];
            const doublefn = (data) => data * 2;
            forEach(array, doublefn);
            assert.equal(array[0], 1)
        });
        it('Sum should sum up elements of array', function () {
            var array = [1, 2, 3];
            assert.equal(Sum(array), 6)
        });
        it('Sum should sum up elements of array including
        negative values', function () {
            var array = [1, 2, 3, -1];
            assert.notEqual(Sum(array), 6)
        });
    });
}
```

Mocha를 사용한 비동기 테스트

놀랍다! Mocha는 async와 await도 지원하며, 다음과 같이 프라미스나 async 함수도 간단히 테스트할 수 있다.

```
describe('Promise/Async', function () {
    it('Promise should return es8', async function (done) {
        done();
        var result = await fetchTextByPromise();
        assert.equal(result, 'es8');
    })
});
```

여기서 done으로 호출이 일어남에 주목한다. done 함수를 호출하지 않는다면 테스트는 프라미스에 의해 요구되는 2초 동안 기다리지 않으므로 테스트 시간이 초과된다. done 함수는 여기서 Mocha 프레임워크에 알린다. 다음 명령어를 사용해 다시 테스트해보자.

```
npm run mocha
```

결과는 그림 12-3과 같다.

```
> learning-functional@1.0.0 mocha C:\code\apress\code\functional-es6
> mocha --compilers js:babel-core/register --require babel-polyfill



(node:17256) DeprecationWarning: "--compilers" will be removed in a future version of
for more info
  Array
    #indexOf()
      √ should return -1 when the value is not present

  es6-functional
    Array
      √ Foreach should double the elements of Array, when double function is passed
      √ Sum should sum up elements of array
      √ Sum should sum up elements of array including negative values
    Promise/Async
      √ Promise should return es8


  5 passing (72ms)
```

그림 12-3. 테스트 결과

시작할 때의 설명을 다시 참고하자면 Mocha는 정밀한 단위 테스트를 작성하는 프레임워크에 적합하다는 사실을 고수하는 자체 유연성으로 인해 처음에는 설정하기 매우 어려울 수 있지만, 결국 많은 보상을 해준다.

Sinon을 사용한 모의 테스트

방대한 애자일 팀에서 A팀, B팀, C팀으로 작게 나뉜 팀 중의 A팀이라고 해보자. 거대한 애자일 팀은 일반적으로 사업 요구 사항이나 지역적인 영역으로 나뉜다. B팀이 C팀의 라이브러리를 사용하고 A팀이 B팀의 함수형 라이브러리를 사용하며, 각 팀은 철저히 테스트된 코드를 넘긴다고 해보자. A팀의 개발자로서 B팀의 함수를 사용할 때 다시 한 번 테스트를 작성할까? 그렇지 않다. 그렇다면 B팀의 함수를 호출할 때 코드가 동작하는지 어떻게 확인할까? 여기서 모킹 라이브러리가 필요하며 Sinon이 이러한 라이브러리 중 하나다. 이미 살펴봤듯이 Mocha는 기본적으로 모킹 라이브러리를 제공하지 않지만, 완벽하게 Sinon과 통합된다.

Sinon(Sinonjs.org)은 자바스크립트용 스파이[spy], 스텁[stub], 목[mock]을 제공하는 독립형 프레임워크다. Sinon은 어떤 테스트 프레임워크와도 쉽게 통합된다.

참고

스파이, 스텁, 목 모두 동일한 문제를 해결하고 관련 있어 보이지만, 정확하게는 약간 차이점이 있다. 페이크(fake), 목, 스텁 간의 차이점을 자세히 알아보는 게 좋다. 이 절에서는 간략하게만 다룬다.

페이크는 함수나 객체와 같은 자바스크립트 객체를 모방한다. 다음과 같은 함수를 살펴보자.

```
var testObject= {};
testObject.doSomethingTo10 = (func) => {
    const x = 10;
    return func(x);
}
```

이 코드는 함수를 취하고 상수 **10**으로 실행한다. 다음 코드는 Sinon의 페이크를 이용해 함수를 테스트하는 방법을 살펴본다.

```
it("doSomethingTo10", function () {
    const fakeFunction = sinon.fake();
    testObject.doSomethingTo10(fakeFunction);
    assert.equal(fakeFunction.called, true);
});
```

보다시피 **10**으로 동작하는 실제 함수를 만들지 않았다. 대신 함수를 모방했다. 페이크를 단언하는 것은 중요하므로 assert.equal(fakeFunction.called, true) 코드는 페이크 함수가 호출됨을 보장하며, doSomethingTo10 함수의 동작을 단언한다. Sinon

은 테스트 함수의 맥락에서 페이크 동작을 테스트하는 좀 더 포괄적인 방법을 제공한다. 자세한 사항은 문서를 참고하자.

함수를 살펴보자.

```
testObject.tenTimes = (x) => 10 * x;
```

다음 코드는 Sinon의 스텁을 사용해 테스트 케이스를 작성했다. 알다시피 스텁은 함수의 동작을 정의하는 데 사용할 수 있다.

```
it("10 Times", function () {
    const fakeFunction = sinon.stub(testObject, "tenTimes");
    fakeFunction.withArgs(10).returns(10);
    var result = testObject.tenTimes(10);
    assert.equal(result, 10);
    assert.notEqual(result, 0);
});
```

HTTP Call과 같이 외부 종속성과 상호작용하는 코드를 자주 작성한다. 이미 살펴봤듯이 단위 테스트는 범위가 좁으며, 외부 종속성(이 경우 HTTP Call)은 모킹돼야 한다.

다음 함수를 살펴보자.

```
var httpLibrary = {};
function httpGetAsync(url,callback) {
    // HTTP Get은 외부 종속성으로 호출된다.
}

httpLibrary.httpGetAsync = httpGetAsync;
httpLibrary.getAsyncCaller = function (url, callback) {
    try {
        const response = httpLibrary.httpGetAsync(url, function (response) {
```

```
        if (response.length > 0) {
            for (let i = 0; i < response.length; i++) {
                httpLibrary.usernames += response[i].username + ",";
            }
            callback(httpLibrary.usernames)
        }
    });
} catch (error) {
    throw error
}
}
```

httpGetAsync(B팀에 의해 개발됐다고 가정)의 핵심에 들어가지 않고 getAsyncCaller만 테스트하려면 다음과 같이 Sinon의 목^mock을 사용할 수 있다.

```
it("Mock HTTP Call", function () {
    const getAsyncMock = sinon.mock(httpLibrary);
    getAsyncMock.expects("httpGetAsync").once().returns(null);
    httpLibrary.getAsyncCaller("", (usernames) => console.log(usernames));
    getAsyncMock.verify();
    getAsyncMock.restore();
});
```

이 테스트 케이스는 getAsyncCaller를 테스트하는 동안 httpGetAsync가 모킹됐는지 확인한다. 다음 테스트 케이스는 목을 사용하지 않고 동일한 메서드를 테스트한다.

```
it("HTTP Call", function () {
    httpLibrary.getAsyncCaller("https://jsonplaceholder.typicode.com/users");
});
```

함수형 자바스크립트 코드에 대한 테스트 작성을 마무리하기 전에 Jasmine을 사용해 테스트를 작성하는 방법을 살펴보자.

Jasmine을 통한 테스팅

Jasmine(https://jasmine.github.io)도 유명한 테스팅 프레임워크이다. 사실 Jasmine과 Mocha의 API는 유사하다. Jasmine은 앵귤러JS^AngularJS로 애플리케이션을 빌드할 때 널리 사용되는 프레임워크다. Mocha와 달리 Jasmine은 내장 어써션^assertion 라이브러리를 갖고 있다. 이 책을 집필하는 시점에 Jasmine의 유일한 문제점은 비동기 코드 테스트였다. 다음과 같이 코드에서 Jasmine을 설정하는 방법을 알아보자.

```
npm install -save-dev jasmine
```

전역적으로 설치하고자 한다면 다음 명령어를 실행한다.

```
npm install -g jasmine
```

Jasmine은 구성 파일을 포함한 테스트 구조를 지시하므로, 다음 명령어를 실행하면 테스트 구조가 설정된다.

```
./node_modules/.bin/jasmine init
```

이 명령어는 다음과 같은 구조의 폴더를 생성한다.

```
|-Spec
|-----Support
|---------jasmine.json (Jasmine configuration file)
```

Jasmine.json은 테스트 환경설정을 포함한다. 예를 들어 spec_dir은 폴더에 Jasmine 테스트를 찾는지 명시화할 때 사용되며, spec_files는 테스트 파일을 확인할 때 사용되는 일반적인 키워드를 나타낸다. 환경설정에 대해서는 https://jasmine.github.io/2.3/node.html#section-Configuration을 참고하자.

init로 생성된 spec 폴더에 Jasmine 테스트 파일을 생성하고 jasmine-tests-specs.js 라고 명명한다(spec 키워드 없이 테스트 파일은 Jasmine에 위치하지 않는다).

다음은 Jasmine 테스트의 샘플 코드다.

```javascript
import { forEach, Sum, fetchTextByPromise } from "../lib/es8-functional.js";
import 'babel-polyfill';

describe('Array', function () {
    describe('#indexOf()', function () {
        it('should return -1 when the value is not present', function () {
            expect([1, 2, 3].indexOf(4)).toBe(-1);
        });
    });
});

describe('es8-functional', function () {
    describe('Array', function () {
        it('Foreach should double the elements of Array, when double function is
        passed', function () {
            var array = [1, 2, 3];
            const doublefn = (data) => data * 2;
            forEach(array, doublefn);
            expect(array[0]).toBe(1)
        });
    });
});
```

보다시피 이 코드는 어써션을 제외하고는 Mocha 테스트와 매우 유사하다. Jasmine을 사용해 테스트 라이브러리를 완전하게 재구성할 수 있으며, 이 방법은 숙제로 남긴다.

다음 명령어는 package.json에 추가돼 Jasmine 테스트를 실행한다.

```
"jasmine": "jasmine"
```

다음 명령어를 실행해 테스트한다.

```
npm run jasmine
```

```
C:\code\apress\code\functional-es6>npm run jasmine

> learning-functional@1.0.0 jasmine C:\code\apress\code\functional-es6
> jasmine

Randomized with seed 56566
Started
.....

5 specs, 0 failures
Finished in 0.06 seconds
Randomized with seed 56566 (jasmine --random=true --seed=56566)
```

그림 12-4. Jasmine을 사용한 테스트 결과

코드 커버리지

해당 테스트로 중요한 부분을 다뤘는지 얼마나 확신하는가? 어떤 언어에서든 코드 커버리지는 테스트에 포함된 코드를 설명할 수 있는 유일한 지표다. 테스트에서 다루는 코드의 줄 수나 비율을 얻을 수 있기 때문에 자바스크립트도 예외는 아니다.

Istanbul(https://gotwarlost.github.io/istanbul/)은 자바스크립트의 코드, 깃 브랜치, 함수 레벨에서 코드 커버리지를 계산하는 프레임워크 중 하나다. Istanbul 설정은 쉽다.

nyc는 코드 커버리지를 얻는 데 사용되는 커맨드라인 인자의 이름으로, 다음 명령어를 실행해 nyc를 설치하자.

```
npm install -g --save-dev nyc
```

다음 명령어는 코드 커버리지로 Mocha 테스트를 실행하는 데 사용되며, package. json에 이를 추가한다.

```
"mocha-cc": "nyc mocha --compilers js:babel-core/register
--require babel-polyfill"
```

다음 명령어를 실행해 Mocha 테스트 후 코드 커버리지를 살펴본다.

```
npm run mocha-cc
```

결과는 그림 12-5에서 볼 수 있다.

```
9 passing (156ms)

------------------|----------|----------|----------|----------|-------------------|
File              | % Stmts  | % Branch | % Funcs  | % Lines  | Uncovered Line #s |
------------------|----------|----------|----------|----------|-------------------|
All files         |   93.94  |    50    |   90.91  |   93.75  |                   |
 es6-functional.js|   93.94  |    50    |   90.91  |   93.75  |            20,57  |
------------------|----------|----------|----------|----------|-------------------|
```

그림 12-5. Mocha를 사용해 작성된 테스트의 코드 커버리지

보다시피 es8-functional.js 파일에서 20, 57번 줄을 제외하고 93%를 커버한다. 코드 커버리지의 이상적인 비율은 몇 가지 요인에 따라 달라지는데, 모두 투자자본수익률을 고려한다. 가장 일반적으로 85%를 추천하지만, 코드 내용이 다른 테스트에 적용될 경우 이보다 더 작을 수 있다.

Linting

코드 분석은 특히 대규모 팀에서 코드 커버리지만큼 중요하다. 코드 분석은 일정한 코딩 규칙을 도입하고, 모범 사례를 따르며, 가독성과 유지 보수성을 위한 모범 사례를 강제할 수 있다. 지금까지 작성한 자바스크립트 코드는 실제 코드에 더 적합하므로, 모범 사례를 따르지 않을 수 있다. 이 절에서는 함수형 자바스크립트 코드에 코딩 규칙을 적용하는 방법을 살펴본다.

ESLint(https://eslint.org/)는 ECMAScript 및 자바스크립트에서 잘못된 코딩 패턴을 식별하기 위한 커맨드라인 도구다. 어떤 새로운 프로젝트나 기존 프로젝트에 ESLint를 설치하는 것은 비교적 쉽다. 다음 명령어로 ESLint를 설치한다.

```
npm install --save-dev -g eslint
```

ESLint는 환경설정 기반이고, 다음 명령어는 기본 환경설정을 생성한다. 그림 12-6에서 보여주듯이 몇 가지 질문에 대답해야 할 수도 있다. 이 코딩 샘플은 구글에서 권장하는 코딩 규칙을 따른다.

```
eslint --init
```

```
C:\code\apress\code\functional-es6>eslint --init
? How would you like to configure ESLint? (Use arrow keys)
> Answer questions about your style
  Use a popular style guide
  Inspect your JavaScript file(s)
```

그림 12-6. eslint 초기화 단계를 보여준다.

다음은 샘플 환경설정 파일이다.

```
{
    "parserOptions": {
        "ecmaVersion": 6,
        "sourceType": "module"
    },
    "rules": {
        "semi": ["error", "always"],
        "quotes": ["error", "double"]
    },
    "env": {
        "node": true
    }
}
```

첫 번째 rule 항목을 살펴보자.

```
"semi": ["error", "always"],
```

이 규칙은 모든 문장 뒤에 세미콜론이 의무적임을 나타낸다. es-functional.js 코드 파일에 대해 실행한다면 그림 12-7과 같은 결과를 얻을 수 있다. 보다시피 여러 곳에서 이 규칙을 위반했다. 코딩 규칙과 가이드라인을 요구하는 것은 프로젝트의 초반에 마쳐야 한다. 방대한 코드를 작성한 후 코딩 규칙을 도입하거나 새로운 규칙을 추가하면 거기에 맞춰 엄청난 양의 코드를 수정해야 하므로 처리하기 어려워진다.

```
C:\code\apress\code\functional-es6>eslint lib\es6-functional.js

C:\code\apress\code\functional-es6\lib\es6-functional.js
   2:23   error   Strings must use doublequote   quotes
   8:2    error   Missing semicolon              semi
  15:2    error   Missing semicolon              semi
  23:2    error   Missing semicolon              semi
  30:22   error   Strings must use doublequote   quotes
  31:23   error   Strings must use doublequote   quotes
  34:23   error   Strings must use doublequote   quotes
  35:44   error   Missing semicolon              semi
  36:31   error   Missing semicolon              semi
  37:13   error   Missing semicolon              semi
  53:46   error   Missing semicolon              semi
  57:18   error   Missing semicolon              semi
  59:2    error   Missing semicolon              semi
  61:57   error   Missing semicolon              semi

⯑ 14 problems (14 errors, 0 warnings)
  14 errors, 0 warnings potentially fixable with the `--fix` option.
```

그림 12-7. eslint 툴의 결과

ESLint는 이런 에러를 해결하는 데 도움을 준다. 이미 제안했듯이 다음 명령어를 실행하기만 하면 된다.

```
eslint lib\es8-functional.js --fix
```

모든 에러가 사라진다. 항상 운이 좋을 수만은 없으므로, 개발 단계 초기에 제한 사항을 적용해야 한다.

라이브러리 코드 단위 테스팅

11장에서는 애플리케이션 빌드에 도움을 주는 라이브러리를 작성하는 방법을 배웠다. 좋은 라이브러리는 테스트할 수 있어야 하므로, 테스트의 코드 커버리지가 많을수록 사용자가 코드를 신뢰할 수 있다. 테스트는 무언가를 변경했을 때 영향을 받는 영역에 대한 코드를 빠르게 확인하는 데 도움이 된다. 이 절에서는 11장에서 작성한 Redux

라이브러리 코드에 대한 Mocha 테스트를 작성한다.

다음 코드는 mocha-test.js 파일에서 사용할 수 있다. mocha-test.js 파일은 Redux 라이브러리의 코드를 참조한다. 다음 테스트는 초기 상태가 항상 비어있는지 확인한다.

```
it('is empty initially', () => {
    assert.equal(store.getState().counter, 0);
});
```

라이브러리의 주요 기능 중 하나는 액션이 상태 변경에 영향을 줄 수 있는지 단언(어써트)하는 것이다. 다음 상태에서는 클릭 이벤트가 발생할 때 호출되는 IncrementCounter를 호출해 상태 변경을 시작한다. IncrementCounter는 상태를 1씩 증가시켜야 한다.

```
// state change once 테스트
    it('state change once', () => {
        global.document = null;
        incrementCounter();
        assert.equal(store.getState().counter, 1);
    });

// state change twice 테스트
    it('state change twice', () => {
        global.document = null;
        incrementCounter();
        assert.equal(store.getState().counter, 2);
    });
```

단언(어써트)할 마지막 함수는 상태 변경을 위해 등록된 리스너가 1개 이상 있는지 확인하는 것이다. 리스너를 확보하고자 리스너도 등록한다. 이를 Arrage 과정이라 부른다.

```
// 리스너 개수 테스트
    it('minimum 1 listener', () => {
        //Arrange
        global.document = null;
        store.subscribe(function () {
            console.log(store.getState());
        });

        //Act
        var hasMinOnelistener = store.currentListeners.length > 1;

        //Assert
        assert.equal(hasMinOnelistener, true);
    });
```

npm run mocha 또는 npm run mocha-cc를 실행해 코드 커버리지로 테스트를 실행할 수 있다. 그림 12-8를 살펴보면 라이브러리에서 작성한 코드의 80% 이상을 다뤘다.

```
------------------|---------|----------|---------|---------|-------------------|
File              | % Stmts | % Branch | % Funcs | % Lines | Uncovered Line #s |
------------------|---------|----------|---------|---------|-------------------|
All files         |   88.33 |       50 |   85.71 |   88.14 |                   |
 es6-functional.js|   93.94 |       50 |   90.91 |   93.75 |             20,57 |
 redux.js         |   81.48 |       50 |      80 |   81.48 |    51,71,73,74,75 |
------------------|---------|----------|---------|---------|-------------------|
```

그림 12-8. 코드 커버리지 결과

이 경험을 통해 11장에서 빌드한 HyperApp과 같은 라이브러리에 대한 단위 테스트를 작성하는 것이 좋다.

마무리

훌륭했던 여행이 마무리돼 간다. 자바스크립트 함수형 프로그래밍에서 새로운 개념과 패턴을 배우는 데 많은 흥미를 느꼈길 바란다. 다음과 같이 몇 가지 결론을 내릴 수 있다.

- 프로젝트를 처음 시작한다면 이 책에 사용된 개념을 사용해보자. 이 책에 사용된 각 개념에는 특정한 사용 영역이 있다. 사용자 시나리오를 진행하면서 설명된 개념을 사용할 수 있는지 분석하자. 예를 들어 REST API를 호출할 때 REST API 호출을 비동기적으로 실행할 라이브러리를 작성할 수 있는지 분석한다.

- 현재 프로젝트에 스파게티 자바스크립트 코드가 많다면 코드를 분석해 그중 일부를 재사용하고 테스트할 수 있는 함수로 리팩토링하자. 배우는 가장 좋은 방법은 실습하는 것이며, 코드를 살펴보고 느슨한 끝을 찾아 서로 연결해 확장 가능하고 테스트 가능하며 재사용 가능한 튼튼한 자바스크립트 함수를 만든다.

- ECMAScript는 시간이 지남에 따라 계속 개선될 것이므로 ECMAScript 업데이트를 종종 확인하자. https://github.com/tc39/에서 이 사항들을 살펴보고, ECMAScript를 개선하거나 개발자들을 도울 수 있는 새로운 아이디어 및 제안을 진행할 수 있다.

요약

12장에서는 BDD와 TDD 같은 테스트의 종류 및 개발 모델의 중요성을 배웠다. 자바스크립트 테스트 프레임워크의 요구 사항을 이해하고 그중 가장 잘 알려진 Mocha와 Jasmine을 배웠다. 간단한 테스트, 함수형 라이브러리 테스트, Mocha를 이용한 비동기 테스트를 작성했다. Sinon은 자바스크립트에 대한 스파이^{spy}, 스텁^{stub}, 목^{mock}을 제공하는 모킹 라이브러리다. 의존적인 동작이나 객체를 모킹하고자 Mocha와 Sinon을 통합하는 방법을 알아봤다. Jasmine을 사용해 자바스크립트 함수에 대한 테스트를 작성하는 방법도 배웠다. Istanbul은 Mocha와 잘 통합돼 신뢰성의 척도로 사용할 수 있는 코드 커버리지를 제공한다. Linting은 자바스크립트 코드를 다듬는 데 도움이 되며, 12장에서는 ESLint를 사용해 코딩 규칙을 정의하는 방법을 배웠다.

찾아보기

함수형 자바스크립트 입문 2/e

ECMAScript 8로 함수형 프로그래밍 개념부터 라이브러리 구축까지

발 행 | 2020년 2월 26일

지은이 | 안토 아라빈스 · 스리칸스 마치라주
옮긴이 | 이 창 화

펴낸이 | 권 성 준
편집장 | 황 영 주
편 집 | 조 유 나
디자인 | 박 주 란

에이콘출판주식회사
서울특별시 양천구 국회대로 287 (목동)
전화 02-2653-7600, 팩스 02-2653-0433
www.acornpub.co.kr / editor@acornpub.co.kr

한국어판 ⓒ 에이콘출판주식회사, 2020, Printed in Korea.
ISBN 979-11-6175-399-7
http://www.acornpub.co.kr/book/functional-javascript-2e

이 도서의 국립중앙도서관 출판시도서목록(CIP)은 서지정보유통지원시스템 홈페이지(http://seoji.nl.go.kr)와
국가자료공동목록시스템(http://www.nl.go.kr/kolisnet)에서 이용하실 수 있습니다.(CIP제어번호: CIP2020006099)

책값은 뒤표지에 있습니다.